Cómo multiplicar tu dinero
y alcanzar la prosperidad

Descubre cómo se relaciona la gente con el dinero y supera las creencias limitadas que te impiden generar riqueza

Javier Olivares Santillán

Copyright © 2015 Javier Olivares Santillán

Copyright © 2015 Editorial Imagen.
Córdoba, Argentina

Editorialimagen.com
All rights reserved.

Edición Corregida y Revisada, Noviembre 2015

Todos los derechos reservados. Ninguna parte de este libro puede ser reproducida por cualquier medio (incluido electrónico, mecánico u otro, como ser fotocopia, grabación o cualquier sistema de almacenamiento o reproducción de información) sin el permiso escrito del autor, a excepción de porciones breves citadas con fines de revisión.

CATEGORÍA: Autoayuda/Superación Personal

Impreso en los Estados Unidos de América

ISBN-13:9781484814000
ISBN-10:1484814002

ÍNDICE

Introducción 1
1 Descubre el propósito de tu vida 5
    Es crucial entender tu realidad 5
    Cómo crear tu camino financiero hacia el éxito 9
2 Deshazte de las influencias negativas 15
    Encuentra lo positivo para que seas mejor 15
3 Elimina los límites de tu mente 25
    Sal de la caja 25
    La verdad sobre los hábitos 30
4 Celebra los pequeños logros 37
    Un puñado de pequeños logros hace grandes logros 37
5 Cuestiona tus creencias 43
    No te quedes estancado: cuestiona tus creencias 43
6 El poder del dinero y un nuevo enfoque 51
    El viaje es la recompensa 51
    Manifiesta una avalancha de dinero con esta técnica 54
7 Descubre por qué prosperan los malos 59
    Aprende los secretos de "los malos" 59
    Cómo desarrollar un modo de pensar que pueda atraer abundancia 63
    Cómo usar la ley de la atracción para atraer el dinero 65
8 Circulación y dinero 71

    Todo necesita circulación para sobrevivir 71
    La ciencia para manifestar más rápidamente el dinero 73

9 Método cósmico de contabilidad 79

    El dinero y la vida se ven afectados por las decisiones 79

10 Darte a ti mismo y a los demás 85

    ¿Cuál es tu nivel de generosidad? 85

Conclusión 91

Más libros de interés 95

Introducción

"No estimes el dinero en más ni en menos de lo que vale, porque es un buen siervo y un mal amo." Alejandro Dumas (1803-1870) Escritor francés.

"No puedo ser rico", "No puedo tener mucho", "El dinero es la raíz de todos los males", "No puedo conseguir más dinero", "No puedo ganar lo suficiente", "La vida no es justa", etc.

¿Con cuánta frecuencia has dicho o escuchado estas frases? "Dinero" es, probablemente, la palabra más usada alrededor del mundo y sin este elemento no se podrían realizar muchas cosas. Si no se tiene el dinero suficiente de seguro uno tendrá problemas incluso para alimentarse a uno mismo, sin contar el techo, el abrigo, etc.

¿Cuál debería ser tu actitud hacia el dinero? ¿Cuánto dinero debemos acumular y cuánto debemos dar? ¿Cuántas morales y principios se pueden romper para conseguir más dinero? ¿Y por qué debemos conseguir más dinero del que es absolutamente esencial? Hay muchas preguntas que se vienen a la mente acerca del dinero. Porque desde hace mucho tiempo y como lo hemos visto a través de la historia, es el dinero y el poder lo que ha motivado a los seres humanos.

Para algunos de nosotros el poder importa más que el dinero. Y paradójicamente el dinero siempre trae poder con él. Pero el poder no necesariamente trae dinero. Por ejemplo, si eres la persona más importante de tu país pero tienes grandes principios, tendrás el poder absoluto, pero muy poco dinero. Por otro lado, algunos dictadores corruptos han acumulado dinero más allá de lo imaginable. Será por esto mismo que Benjamín Franklin (1706-1790), famoso estadista y científico estadounidense, dijo una vez: "De aquel que opina que el dinero puede hacerlo todo, cabe sospechar con fundamento que será capaz de hacer cualquier cosa por dinero."

Para algunos de nosotros existen otras cosas además del dinero y el poder. Un buen científico se emociona más con sus inventos que con cualquier cantidad de dinero o poder. Para cada uno de nosotros existe un motivador diferente, sin embargo, el dinero parece ser el motivador más común. Reducir costos, aumentar los precios y obtener más ganancias, ese es el mantra de la mayoría de las industrias y las empresas hoy en día. El mercado de valores ha atraído a las personas desde hace mucho tiempo solamente por la probabilidad de hacer dinero rápidamente.

¿Por qué las loterías se han vuelto tan populares? ¿No deberíamos depender del dinero que nos ganamos con esfuerzo? Aun así, todavía vemos que los boletos de lotería son comprados todos los días en grandes cantidades alrededor del mundo. Los compradores esperan tener suerte y ganar más dinero del que podrían obtener en un solo día. Los juegos de azar son motivados únicamente por el dinero. Podemos mencionar todas las actividades que deseemos y que están motivadas por la atracción hacia el dinero.

¿Acaso tener dinero y más dinero y mucho más dinero que los demás te da tranquilidad? ¿Te da más felicidad o una vida más feliz? La respuesta en la mayoría de los casos es no. Más bien: el tener más dinero te trae más problemas. Creo que por eso Epicuro de Samos, un antiguo Filósofo griego que vivió entre el 341 y el 270 AC, dijo: "¿Quieres ser rico? Pues no te afanes en aumentar tus bienes, sino en disminuir tu codicia."

¿Dónde invertir? ¿Qué banco elegir? ¿Qué tal de aquellos que siempre están pidiendo donaciones y préstamos? ¿Cómo mantenerlos alejados? ¿Y qué hacer con el dinero una vez que se han cubierto todas las necesidades? ¿Comprar una mansión aún más grande, estar de vacaciones todo el año o comenzar a comprar antigüedades?

Dinero. Si tienes menos quieres más, y si tienes más no sabes qué hacer con él. Esta es la paradoja del dinero.

Pero la realidad es que tu éxito está determinado por tus creencias. Los límites que te pones en la cabeza determinan el nivel de éxito que alcanzas. Tus nociones determinan la calidad de tu vida. Si no te puedes imaginar que sea posible ganar 10 veces más que tu ingreso actual, entonces ya te has puesto en tu cabeza un límite financiero.

Si no puedes imaginarte que eres capaz de conseguir un ascenso, entonces ya has creado en tu cabeza un límite para tu carrera.

Y podemos continuar. Con el tiempo has incorporado en tu mente una serie de límites y creencias. Estos límites te prohíben que vivas la vida de tus sueños y por lo tanto disminuyan tus probabilidades de tener éxito.

En este libro voy a compartir contigo varios consejos muy valiosos que te ayudarán a vencer estas creencias destructivas y a definir nuevos límites para alcanzar el éxito económico y financiero.

1

Descubre el propósito de tu vida

Es crucial entender tu realidad

Alguien dijo una vez: *"Si no sabes hacia dónde te tienes que dirigir en la vida nunca sabrás cómo llegar allí."*

¿Alguna vez tomaste una decisión tonta con respecto al dinero? Por supuesto que lo hiciste, y yo también: Más veces de las que me gusta recordar.

¿Te interesa tomar decisiones más inteligentes con respecto a tus finanzas? Veremos a continuación unas cuantas cosas en las cuales pensar que te ayudarán a evitar tomar decisiones que más adelante lamentarás.

Cada vez que te sientas en tu automóvil, antes de salir ya has ideado una manera de llegar a tu destino, y en cuestión de segundos eres capaz de trazar mentalmente el camino que recorrerás. Eso es posible porque sabes a dónde vas.

Es muy importante que desarrolles una estrategia financiera que refleje tus metas personales, basada en lo que es importante para ti. ¿Es el "dinero" lo importante o lo que el dinero te permite hacer en la vida? ¿Qué tiene el dinero que lo hace tan importante para TI?

Crear un plan financiero inspirador que te emocione y te motive a imaginarte la vida que deseas es mucho más importante que mezclar productos financieros comprados aquí y allá. Muchas veces compras libros, cursos en video, asistes a conferencias y cosas por el estilo, pero por razones que por algún motivo no logras recordar.

Hay otras preguntas que te puedes hacer a ti mismo. ¿Qué creencias acerca del dinero recibiste de tu padre y de tu madre? ¿Fueron las mismas? ¿Cómo te afectaron esas creencias? ¿Cuáles son tus mayores creencias con respecto al dinero? ¿Cómo mides la riqueza para ti mismo?

En su libro "Cómo desarrollar una personalidad dinámica", también de esta editorial, su autor, Josué Rodriguez, dice lo siguiente: *Jim Rohn dijo una vez:*

"Podemos obtener más de lo que ya tenemos porque nos podemos convertir en más de lo que ya somos."

Deja las expectativas sociales y familiares a un lado por un minuto, y piensa acerca de lo que realmente quieres hacer: ¿qué te haría feliz? Conocerte bien a ti mismo es importante y te será de gran ayuda en muchas situaciones.

Cuando estés buscando trabajo, por ejemplo, sería ideal no atascarse con algo que no quieres hacer. Conocerte a ti mismo te ayudará también a aceptar a otras personas como son. Te ayudará a desarrollar una mente abierta.

Con respecto a esto, Steve Jobs dijo lo siguiente: "Tienes que confiar en algo, tu instinto, tu destino, tu vida, tu karma, lo que sea. Esta perspectiva nunca me ha decepcionado, y ha hecho la diferencia en mi vida."

A fin de cuentas, mi opinión es que no se trata tanto de que las metas que tengas sean lo más importante, sino las razones y el por qué son tan significativas para ti. Roy Disney una vez dijo: "No es difícil tomar las decisiones correctas cuando sabes cuáles son tus valores."

Tomar decisiones más inteligentes acerca de tu dinero tiene que ver con definir los valores, principios rectores, actitudes y aspiraciones únicas. Después podrás enfocarte en tomar control de tu vida financiera definiendo prioridades basadas en estos valores fundamentales y metas.

En otras palabras, tú puedes dibujar un mapa financiero para seguirlo.

Entonces y sólo entonces el obtener información, asesoramiento profesional y entrenamiento financiero te podrá ayudar a lograr algún progreso y realmente alcanzar tus metas para también lograr la realización personal. ¡Y te ayudará a dormir por las noches!

Si tu relación con el dinero no está en equilibrio, ninguna cantidad de riqueza te dará la paz. Fíjate en todas las personas adineradas que se suicidan o que beben en exceso cada día. Pensarías que como eran ricos, todo lo demás estaba bien.

Así que una vez que te entiendas a ti mismo en relación al dinero, el resto del proceso irá avanzando gradualmente. Si nos conocemos a nosotros mismos, entonces podremos definir prioridades en nuestras metas y comenzar a ir en pos de ellas.

Antes de tomar una decisión financiera, toma un momento para pensar si esta decisión te acercará a tus metas o te alejará. ¿Lo que estás pensando va en la misma dirección que tus valores y lo que es importante para ti?

Si tomas en cuenta tus opiniones de esta manera te ayudará muchísimo a evitar errores en el futuro.

"En realidad vivir como hombre significa elegir un

blanco: honor, gloria, riqueza, cultura; y apuntar hacia él con toda la conducta, pues no ordenar la vida a un fin es señal de gran necedad." Aristóteles.

Cómo crear tu camino financiero hacia el éxito

Cuando las personas intentan sentarse para escribir una declaración acerca del propósito o la misión de sus vidas, frecuentemente carecen de la suficiente claridad para hacerlo de una manera inteligente. ¿Cómo se supone que tienes que especificar exactamente tu propósito? ¿Sencillamente tienes que saberlo y obligarlo a que salga de tu cerebro? ¿Qué pasaría si pudieras imaginarte muchas misiones diferentes que te pueden servir, pero no sabes cuál es la mejor? ¿Qué tal si no puedes pensar en nada que sea significativo para ti? ¿Entonces qué?

Simplemente porque no tengas un propósito precodificado no significa que no tengas un propósito. Esto sólo quiere decir que te tomará un poco más de trabajo especificarlo, pero nada más que eso: no es tan grave. Tu propósito no es realmente algo que tú descubres. Es más exacto decir que tu propósito es algo que co-creas basado en tu relación con la realidad. Sin embargo yo no diría que sea de libre elección. Puede haber muchas opciones para ti, pero todas las opciones no son uniformemente válidas.

En otro de sus libros, "El secreto de los Nuevos Ricos", Josué Rodriguez menciona lo siguiente en cuanto al propósito: *"Para que puedas identificar claramente tus fortalezas, debes conocer tus talentos naturales, aquellos con los cuales has nacido.*

La mayoría de las personas se concentran en sus debilidades, en lo que no saben hacer y en lo que hacen mal, lo que produce que nunca se den cuenta de sus fortalezas. Los nuevos ricos, en cambio, están siempre refinando sus fortalezas desde edad temprana y desatendiendo sus áreas débiles.

El propósito de que conozcas tus fortalezas es que pases tiempo en actividades que aprovechen tus fortalezas para que puedas sacar lo mejor de ellas.

La gran mayoría de las personas nunca se toman el tiempo para realmente encontrar su propósito en esta vida. Esto significa que simplemente se unirán a alguien más si les dan la oportunidad. Si puedes lograr que tu pasión se convierta en una causa que atraiga personas apasionadas que tomen ese propósito como suyo, lograrás un éxito impresionante, y eso no es algo que puedas comprar."

Lo que se necesita es un método inteligente para formular tu propósito, un proceso que es acumulativo, de manera que cuando llegas a la respuesta final, tienes grandes esperanzas de que sea la correcta.

El primer proceso es hablar con tu inteligencia emocional. La pasión y el propósito van de la mano.

Una vez que expongas tu propósito, frecuentemente te encontrarás con que es algo que te apasiona. Emocionalmente encontrarás que es correcto.

Esto es lo que tienes que hacer:

1. Consigue una hoja de papel en blanco o abre un procesador de texto (que puede ser Microsoft Word, NotePad o cualquier otro) donde puedas escribir.

2. Escribe en la parte superior. "¿Cuál es mi propósito honesto en la vida?"

3. Redacta una respuesta (cualquier respuesta) que surja en tu cabeza. No tiene que ser una oración perfecta. Una frase corta está bien.

4. Repite el paso tres hasta que obtengas la respuesta que te haga llorar. Este es tu propósito.

Esto es todo. No importa si eres un abogado o ingeniero o alguien musculoso. Para unas pocas personas este ejercicio tendrá un sentido absoluto. A otras personas les parecerá perfectamente estúpido. Generalmente toma entre 15 a 20 minutos despejar tu cerebro de toda la confusión y el entrenamiento social acerca de lo que piensas que es tu propósito en la vida. Las respuestas falsas vendrán de tu mente y tus recuerdos. Pero cuando finalmente llegue el resultado final, se sentirá como si viniera hacia ti completamente desde otra fuente.

El segundo método es usar la razón y la lógica para trabajar desde tu contexto. Entre más limpio y exacto esté tu contexto, más fácil será. Para descubrir tu propósito, esencialmente proyectas tu contexto total de la realidad en ti mismo. Dada tu actual comprensión de la realidad, ¿dónde calzas?

Este es un acercamiento sencillo, pero que también puede fallar. Todo lo que verdaderamente estás haciendo es ver tu contexto total de la vida y moldear esas mismas cualidades en ti mismo. Esta proyección se convierte en tu propósito, tu papel en la vida.

Piensa en un holograma. Cuando rompes una pieza de un holograma, la imagen total original todavía aparece en la pieza más pequeña. La realidad es el holograma grande, y eres una pieza de él. Entras en todos los atributos de la realidad. Tus nociones acerca de la realidad se convierten en tus creencias acerca de ti mismo. Si tus nociones son precisas, acabarás con un propósito sensible y realizable.

Esta técnica también te ayudará a descubrir problemas en tu contexto, al descubrir que algo está mal cuando proyectas una creencia falsa acerca de ti mismo.

Yo creo que es de utilidad aplicar ambas técnicas para definir tu propósito y así ver hacia dónde te llevan. Si tu contexto es saludable, deberías de obtener resultados congruentes utilizando ambos planes de acción. Tus inteligencias emocionales y racionales definirán tu propósito de una manera diferente cada una, pero al final descubrirás que tu propósito es básicamente el mismo.

Recuerda que el definir tu propósito en la vida es muy importante, ya que tus ingresos nunca crecerán más allá de lo que tú puedas crecer. Es por esto que la mayoría de las personas no tiene esa capacidad interna de crear y conservar riqueza. Son personas estancadas con lo que saben y conocen. No van más allá de ellos a buscar su propósito en la vida ni tampoco ven las posibilidades para incrementar su negocio que cada día se presentan ante ellos.

¿Cómo deshacerte de todo aquello que te impide avanzar? ¿Cómo encontrar lo positivo en medio del fracaso? Esto y mucho más lo veremos en el próximo capítulo.

2

Deshazte de las influencias negativas

Encuentra lo positivo para que seas mejor

George Bernard Shaw, un escritor irlandés que vivió desde 1856 a 1950, dijo una vez: "La gente que dice que no se puede hacer, no debería interrumpir a aquellos que lo están haciendo."

La vida no ha sido fácil para Gigi Stetler, una madre soltera que no pudo completar la escuela secundaria. Al principio de su carrera, su mentor, que era para ella de confianza y como una figura paterna, la traicionó, y encima de eso ella fue atacada, apuñalada y dejada por muerta en su propio apartamento. No sólo vivió para contarlo, sino que también encontró un nicho de mercado para levantarse como una mujer empresaria exitosa.

Como empresaria, mujer de negocios y autora de "Unstoppable: Surviving Is Just the Beginning (Imparable: Sobrevivir es sólo el principio, JAS Literary Publishing, 2009), Stetler es la única propietaria de una concesionaria que vende casas rodantes, trabajando en una industria fuertemente dominada por los hombres. Recientemente fundó el primer y único club de membresía para amantes de las casas rodantes, el Fun Club RV, y también ha puesto en marcha una línea de suplementos totalmente naturales llamados SoLongPain.

"Desde muy temprano en mi vida tuve que acostumbrarme a vencer obstáculos", dijo Stetler. Se trataba de "hundirse o nadar, y hundirme hasta el fondo no era una opción para mí. Lo que me mantuvo en marcha fue un impulso interior, un hambre interior para demostrarme a mí misma y a los demás que todo es posible. Sí, llegaron muchos obstáculos, pero nunca me detuve ante ellos. Siempre encontré una manera de pasar encima, al lado o por sobre ese obstáculo."

Stetler resaltó que muchas personas, especialmente aquellos que sufren tragedias personales o pierden sus puestos de trabajo o sus negocios enteros, frecuentemente se siente derrotados y quieren abandonar sus sueños. Pero hacer eso es una decisión equivocada.

"No te rindas, no cedas. Si has caído levántate y comienza a reconstruir tu vida lo más rápido posible", dijo Stetler. "Si estás teniendo un mal día, pon tu mano derecha en el costado izquierdo de tu pecho y siente tu corazón. Si todavía está latiendo, entonces te toca ser agradecido y hacer que tu sueño se haga realidad."

¿Alguna vez te has preguntado por qué tantas personas tienen tantos problemas para obtener las cosas que realmente desean? Bueno, la culpa no es de tus padres, o tu cónyuge, o tus vecinos, o el sistema económico, ni el presidente, ni alguien ni algo que no tenga que ver contigo.

¿Alguna vez has pensado que debe de haber una manera más sencilla? He descubierto que "lo que crees es lo que obtienes." Es una afirmación sencilla, pero segura. Esto es verdadero en cada faceta de tu vida incluyendo el ingreso, las relaciones interpersonales, la pérdida de peso y otras cosas.

Algunas personas pasan por la vida sufriendo, sin darse cuenta de que si cambian la manera en que piensan y en lo que piensan, puede cambiar las condiciones físicas en su mundo.

Como seres humanos estamos constantemente escuchando los sentimientos y creencias de las demás personas y no ponemos atención a nuestro yo interior, de manera que terminamos siguiendo un camino totalmente diferente. Si escuchas demasiado todos los comentarios dañinos que las personas emiten diariamente, tu yo interior adoptará el hábito de confiar en lo que esas personas pregonan. Esto es un auto sabotaje mental.

Cambia tu vida comenzando ahora mismo. Muéstrale a tu mente interior precisamente lo que realmente deseas conseguir. Enfócate en lo que deseas aprovechando lo positivo y deshaciéndote de lo negativo. Evidencia lo mejor en la vida para ti mismo y para aquellos que amas.

Prueba esta técnica:

1. Dirige tus pensamientos en torno a una circunstancia particular en tu mundo que te gustaría cambiar en este momento.

2. Después de esto, enfócate en la manera en que te gustaría que apareciera. Produce los detalles en tu mente y hazlos tan gráficos como puedas. Haz que sea verdadero para ti.

3. Luego, en momentos tranquilos y con la frecuencia que puedas, enfócate en ese cambio. Tu mente interior comenzará a desarrollar el hábito de "visualizar" lo que realmente deseas.

4. Observa los cambios físicos en tu mundo que se producen cuando tus energías comienzan a manifestar alteraciones positivas.

Comienza a manifestar las alteraciones positivas. Notarás que aparecen, como por arte de magia, individuos, ideas, ingresos, etc. para ayudarte. Estos son los cambios positivos que demuestran lo que pueden hacer.

¡Es así de fácil! Mantente al corriente de los aspectos cambiantes de tu vida después de comenzar a manifestar estas energías positivas.

Si puedes hacerlo, aparta de tu vida a las personas negativas. Sé que esto puede ser difícil porque puede ser tu pareja, un miembro de la familia o incluso alguien a quien consideras tu mejor amigo. Intenta ayudarlos a cambiar al descubrir tu cambio de actitud.

Si de verdad quieres que cambie tu situación actual, tienes que cambiar lo invisible. Si fueras un árbol y los frutos que das no te agradan ni a ti ni a los que se acercan, pues entonces tendrías que modificar las raíces. Analiza tu vida y fíjate si las raíces están siendo regadas con abundante agua, si estás rodeado de tierra fértil para un buen crecimiento, si estás plantado en el suelo con el clima apropiado, etc.

Una de las leyes de la naturaleza indica que lo que hay debajo de la tierra da vida a lo que está por encima. Si de verdad deseas cambiar la calidad de los frutos de tu árbol tienes que trabajar primero con aquello que es invisible a los ojos: las raíces que están debajo de la tierra.

La manera más confiable para obtener ayuda con la forma positiva de pensar es descubrir todo lo que puedas acerca de las muchas técnicas que puedes utilizar para que te ayuden a avanzar hacia una vida mejor, más gratificante y optimista.

Descubre a un mentor y/o un alma gemela. El papel de un mentor es ayudar al aprendiz a alcanzar sus metas. Un mentor es aquella persona que saber escuchar, orientar, e incluso desafiar al aprendiz para que haga lo mejor que pueda en cualquier área de su vida.

Mentor puede ser un amigo, un compañero de trabajo, tu líder espiritual, tu cónyuge y cualquier persona que te impulsa a seguir adelante y lograr tus metas. El estar cerca de un mentor involucra una relación interactiva en la que ambas partes puedan contribuir a crecer mutuamente como personas. Debes tener en cuenta que tener un mentor es muy diferente a obtener asesoramiento y tampoco tiene que ver con ser simplemente amigos, porque el aprender de un mentor es una herramienta que se utiliza para el desarrollo personal y profesional.

Tener el mentor equivocado puede ser incluso peor que

no tener mentores en absoluto. Por esta razón, debes tomar tiempo y esfuerzo para buscar un mentor que se adapte a tus necesidades, personalidad y estilo de aprendizaje. Tienes que mirar dentro de ti mismo, hacer una autoevaluación y preguntarte qué es lo que realmente deseas aprender. A continuación te dejo con las siguientes preguntas que pueden ayudarte a la hora de decidir sobre un mentor:

- ¿Qué tipo de información me proporcionará el mentor?
- ¿Me ayudará a alcanzar mis metas y objetivos?
- ¿Respetará mis sueños, mis decisiones y mi meta en la vida?
- ¿Me desafiará cuando sea necesario?
- ¿Es una persona de confianza?
- ¿Estoy dispuesto a escuchar las ideas de este mentor y sus sugerencias?

Me gusta mucho un poema que leí en uno de mis libros de cabecera, "Alcance Sus Sueños" (Josué Rodriguez, Editorial Imagen, 2013), y que comparto a continuación:

La Diferencia
Penny Bailey, Teniente Coronel, USAF. 1 de noviembre del 2002.

Dos aviadores habían, sin saber qué hacer.
Y en la Fuerza Aérea estaban,
orgullosos de pertenecer.

Rápido descubrieron que no todo lo sabían.
Debían aprender pronto pero no sabían cómo.
¿Quién ahora les podría enseñar?
¿A dónde dirigirse para poder progresar?
¿Qué hicieron ellos al mirar a su alrededor?
El uno continuó sólo,
El otro encontró un Mentor.
Vio la luz del día quien al Mentor escogió.
Y vio que la experiencia paga,
pues rápido aprendió.
Del Mentor, el protegido, los consejos escuchó.
Y en los logros que encontraba,
él nunca lo olvidó.
El que siguió solo, hizo lo mejor que pudo,
pero en el largo camino desesperado estuvo.
Poco fue lo que aprendió.
Y al final del trayecto, sus esfuerzos agotó.
Ahora el protegido es un Mentor también.
Con muchos éxitos adquiridos,
y experiencia por doquier.
El comparte lo que sabe y
de los jóvenes aprende
y las alabanzas promulga
sobre el Mentor precedente.
En la Fuerza Aérea hoy, sólo uno permanece.
Cuando hubiesen sido dos los
agradecidos con creces.
Dos, con experiencia llena la vida y
feliz el corazón.
Si desde un principio los hubiese
guiado un Mentor.

Un mentor puede ayudarte en gran manera a desechar

los pensamientos y actitudes negativas para transformarlas en optimismo que te impulse a multiplicar tus ingresos financieros. Recuerda que tu cerebro es como un ordenador. Si a un equipo nuevo se le cargan programas contaminados de virus, ese ordenador será muy lento al momento de responder a un comando y los programas se ejecutarán con extrema lentitud. Todo lo que puede salir de ese ordenador es exactamente lo que hemos cargado, en este caso, programas contaminados. Como mi antiguo profesor de programación de computadoras siempre decía: "si entra basura, sale basura", y con tu cerebro sucede exactamente lo mismo.

Siempre ten presente que cada pensamiento determina la dirección de tu vida. Tus pensamientos se convierten en palabras, esas mismas palabras se convierten en acciones, los cuales con el tiempo se transforman en hábitos. Esos hábitos dictaminan tu forma de vivir la vida, y ese estilo de vida con el tiempo le da forma a tu carácter, y es tu carácter el que forja tu destino.

Por eso es de extrema importancia revisar nuestros pensamientos todos los días. Haz un esfuerzo decidido para reconocer los pensamientos negativos y tratarlos como tu peor enemigo. Así como la arcilla puede ser moldeada hasta ser cualquier objeto que el artesano desee, así también tu vida puede ser moldeada, y tu destino puede ser forjado a partir de tus pensamientos.

¡Obtén lo que deseas y mereces! La negatividad produce negatividad: deshazte de ella.

3

Elimina los límites de tu mente

Sal de la caja

Para ser exitoso necesitas recordar que puedes lograr aquello que te puedes imaginar. Si no eres adinerado es porque aún tienes algunas creencias limitantes acerca del dinero.

Voy a identificar varias maneras de poner a prueba tus creencias acerca del dinero para que puedas comprender qué está bloqueando el libre flujo de dinero a tu vida.

La hipótesis que voy a describir la tienes que poner en práctica, y si verdaderamente sigues los pasos descritos descubrirás las barreras mentales que no te permiten alcanzar la riqueza financiera. Si algunos pasos te hacen sentir incómodo, esto quiere decir que tienes una fuerte resistencia hacia el dinero. Necesitarás preguntarte por qué te sientes tan incómodo y de esta manera podrás eliminar esa creencia que limita tus ingresos económicos.

Puedes deshacerte de las creencias limitantes acerca del dinero por medio de alguna de las siguientes pruebas, haciendo la más incómoda una y otra vez, hasta que te sientas cómodo con ella. De esta manera dejarás tu vieja zona de confort, en la cual no tienes dinero, y avanzarás hacia una zona de confort más abundante.

Puede que pienses que algunos de estos pasos son fáciles de realizar, pero cuando llega el momento de llevarlos a cabo sentirás que son más bien difíciles. Esto demuestra también que tienes una actitud limitante acerca del dinero que está tan profundamente arraigada dentro de ti que ni siquiera estabas consciente de ello. Estos ejercicios son muy prácticos para detectar tales sentimientos y destruirlos.

Puedes hacer esta revisión cuando la visualices, y cuando tengas una oportunidad, ponla en práctica.

Supón que estás en una calle transitada y un coche de lujo que vale más que varias casas se detiene junto a ti. Puedes ver qué como brilla y parece adquirido hace muy pocos días, es negro y una ventana del coche está abierta, así que puedes ver el hermoso interior de cuero blanco.

¿Cómo te hace sentir? ¿Qué piensas acerca de la situación? Intenta ser consciente de ello y anota el primer pensamiento que pase por tu mente. Si tienes creencias limitantes acerca del dinero, tus pensamientos serán algo parecidos a los siguientes:

- "¿Qué necesidad hay de comprarse un auto que es más caro que varias casas?"
- "La persona que maneja este auto es un exhibicionista"
- "Lo más probable es que él piense que todos están viendo su auto, así que yo lo voy a ignorar"
- "Esa persona podría hacer una donación a aquellos que realmente lo necesitan en lugar de comprar autos como ése"
- "Es un auto maravillo, pero nunca podría comprarme algo así"
- "Este auto sí que está fuera de mi alcance"
- "Tendría que trabajar toda la vida para poder comprarme un auto así"
- "Sólo las personas ricas pueden comprarse ese tipo de autos, y yo nunca seré uno de ellos"

Si no tienes creencias limitantes acerca del dinero, pensarás cosas similares a las siguientes:

- "¡Qué auto más hermoso! Estoy seguro de que más adelante me podré comprar uno así"

- "¡Este es uno de mis autos favoritos!"
- "¡Es genial que algunas personas puedan comprarse este tipo de autos!"
- "Estoy seguro de que el dueño de este auto ha logrado mucho, así que es grandioso acercarse a este tipo de personas y aprender de ellas"
- "Estoy seguro de que esta persona tiene todo lo que quiere"
- "Estoy seguro de que tendré este auto en mi vida porque le estoy permitiendo entrar a mi mundo"

Y si estás en sintonía con la fuente, también puedes pensar así:

- "Yo también puedo comprarme ese auto". (No quiere decir que lo puedas hacer, pero si lo sigues diciendo, en el futuro será una realidad).
- "Puedo sentir que este auto va a ser parte de mi vida"
- "El dinero viene tan fácilmente a mi vida que este auto podría ser una manifestación casual con sólo decirlo"

Procura imaginar estas situaciones y cuando sucedan en tu mundo real intenta ser consciente de las opiniones inmediatas que tengas cuando esta situación ocurra, y esto te dará un entendimiento mayor acerca del tipo de creencias que tienes acerca del dinero.

No hace mucho escuché que alguien dijo: "Puedes ver el vaso medio vacío o lo puedes ver medio lleno."

Todo depende de cómo reaccionas ante lo que te sucede.

Un amigo compartió conmigo la siguiente historia:

En una ocasión dos ranas pequeñas cayeron a un frasco con crema. Al instante sintieron que algo no estaba bien, ya que las ranitas se hundían, no podían nadar y mucho menos respirar en ese líquido viscoso. Se resbalaban y les costaba flotar, como lo hacían con tanta naturalidad en el agua.

En su desesperación, las dos pataleaban en el frasco con crema, con esperanza de alcanzar el borde más alto y así salir de allí. Pero mientras más luchaban veían que siempre estaban en el mismo lugar y lo único que conseguían era bañarse todavía más en aquel líquido espeso.

Una rana le dijo a la otra: "Definitivamente este lugar no es para nadar. No podemos salir de aquí por más que lo intentemos. Estoy muy cansada, así que ya que vamos a morir aquí prefiero hacerlo en paz. No tiene sentido morir agotado haciendo un esfuerzo inútil."

Fue así como muy lentamente, y luego de haber dicho sus palabras, dejó de pelear por su vida y se abandonó al abrazo de la crema blanca y espesa. En pocos minutos se hundió y dejó de existir.

La otra rana se dijo a sí misma: "Tal vez sea verdad que

ya no se puede hacer nada, pero si me voy a morir, prefiero hacerlo luchando hasta el final con lo último de aliento que me quede."

Entonces siguió chapoteando y pataleando dentro del frasco, en el mismo lugar, sin poder realmente avanzar ni un solo centímetro. De pronto, luego de horas y horas de estar pataleando en el mismo lugar, y después de tanta agitada y tanto esfuerzo, la crema se transformó en mantequilla.

La rana luego pisó sobre ella, dio un salto y alcanzó el ansiado borde del frasco. Desde allí se dirigió muy feliz hacia su casa en un pantano cercano.

¿Te das cuenta lo que pasó? Dos ranas, el mismo frasco, pero diferentes actitudes. Esta pequeña historia nos enseña que nunca hay que darnos por vencidos en la vida.

Tienes que perseverar en tus propósitos, pues eso es lo único que te llevará a la cima. Termino esta sección con la misma frase con la que comencé: Para ser exitoso necesitas recordar que puedes lograr aquello que te puedes imaginar.

La verdad sobre los hábitos

En el libro "Los Siete Hábitos de la Gente Altamente Efectiva", Stephen R. Covey describe los hábitos como "patrones consistentes, a menudo inconscientes, pero que constantemente y a diario expresan nuestro carácter y producen en nosotros tanto eficacia como ineficacia."

Lo que somos hoy en día y lo que podemos llegar a ser es el resultado directo de nuestros hábitos. Es en el terreno de los hábitos donde nuestro carácter nace, se alimenta y se expresa exteriormente. Lo que vemos desde el exterior es un reflejo directo de los hábitos profundamente arraigados que poco a poco, gradual y consistentemente se han acomodado en nuestra psique. Nuestro comportamiento es por tanto encaminado por estos hábitos, que con el tiempo se vuelven tan profundamente enraizados en nuestra mente que el simple hecho de cambiarlos es como tratar de despedazar una montaña con las manos desnudas.

Liberarse de estos hábitos profundamente impregnados en nuestra mente es una tarea muy difícil, especialmente si han sido adquiridos a lo largo de muchos años. Cuanto más tiempo se tarda en adquirir ciertos hábitos, tanto más difícil son de romper. Y esto no es necesariamente algo malo, especialmente si los hábitos adquiridos son positivos. Los hábitos positivos deben ser estimulados y también pulidos en el caso de que veamos que se puedan mejorar.

Según Mike Bressica, el éxito viene de comportamientos, los cuales comienzan como pensamientos. Para cambiar tus hábitos de comportamiento, tendrás que tener pensamientos diferentes. ¿Qué es lo que ocupa tu mente, tus pensamientos, y te impulsa a comportarte de una determinada manera? Si no te gusta el resultado de tu conducta, lo único que tienes que hacer es cambiar tus pensamientos. La Biblia habla de la renovación de nuestra mente como una forma de transformarnos en gente que siempre busca hacer la voluntad de Dios, la cual es buena, agradable y perfecta. El Libro de Romanos, capítulo 12 y versículo 2 dice: "No vivan ya según los criterios del tiempo presente; al contrario, cambien su manera de pensar para que así cambie su manera de vivir y lleguen a conocer la voluntad de Dios, es decir, lo que es bueno, lo que es grato, lo que es perfecto." (Versión Dios Habla Hoy)

La renovación o cambio de nuestros pensamientos actuales a los que realmente deseamos trae una verdadera transformación y un cambio significativo en nuestras vidas. Esto es lo que se conoce como tener un cambio de paradigma, la adopción de una nueva forma de pensar, de hacer las cosas y de conducirnos en la vida.

Lo bueno es que los hábitos se adquieren con el tiempo a través del aprendizaje, las vivencias y las experiencias de la vida. Puesto que se adquieren, se pueden sustituir mediante el cambio en los patrones de pensamiento que generaron los pensamientos que queremos cambiar.

Para reemplazar patrones de pensamiento negativos y auto-limitantes, los cuales Mike Bressica llama "patrones mentales de fracaso", hay que establecer como primer objetivo reducir el impacto de esos patrones. Y esto no se puede hacer de la noche a la mañana. Del mismo modo que se tomó el tiempo para adquirir estos patrones mentales de fracaso, se necesitará tiempo y esfuerzo para deshacernos de ellos y reemplazarlos por "patrones mentales de éxito."

El apóstol Pablo, hablando a la Iglesia de Roma, expresó su frustración por su propia incapacidad para controlar sus patrones de fracaso. Le parecía que estaba luchando una batalla perdida con su mente mientras se encontraba haciendo el mal que no quería hacer, y no haciendo el bien que él quería lograr (Romanos 7: 19).

Como muchos de nosotros, Pablo estaba en una encrucijada. Por un lado estaban los viejos patrones auto-limitantes de fracaso y, por el otro, su deseo de deshacerse de esos patrones negativos que siempre lo llevaron a hacer el mal y sustituirlos por aquellos que lo impulsarían a una vida transformada de hacer el bien.

Las personas altamente exitosas son aquellas que logran deshacerse de sus patrones de fracaso deshaciéndose de las distracciones. Cuando no tienes un patrón de pensamientos negativos limitando tu progreso, eres capaz de superar los reveses temporales al nivel del pensamiento. Dado que la batalla por el éxito se gana o se pierde en la mente, tu éxito o fracaso en este campo es lo que te puede llevar a la cima o derrumbarte a morder el polvo. El éxito viene naturalmente cuando aprendes cómo controlar tus patrones de pensamiento.

Como Bressica dice, si aprendes a controlar tus pensamientos, no serás tentado a actuar de manera contraria a lo que sabes que es lo correcto. Podrás mantener el miedo al mínimo.

Pero, ¿cómo desaprender patrones de pensamiento limitantes que has aprendido en la infancia? ¿Cómo romper con esos bloques de pensamiento negativo que han estado allí desde hace muchísimo tiempo? Con simplemente decir que cambies tu paradigma sería tan inútil como decirle a una persona hambrienta que se alimente sin darle algo de comer. Lo que oímos, vemos, experimentamos y sentimos tiene una influencia directa en la formación de nuestros hábitos, que son creados por los pensamientos, y que luego se expresan en la forma de comportamiento.

Los pensamientos son la base sobre la que se forman nuestros hábitos. Estos hábitos, en función de su naturaleza, gobiernan nuestras acciones y conductas, así que el éxito o el fracaso sólo dependen de las acciones que tomamos. Por ejemplo, para dar ese primer paso crucial en comenzar tu propio negocio, debes en primer lugar deshacerte de la mentalidad de empleado y empezar a verte a ti mismo como un empresario exitoso.

Pero lograr este cambio de paradigma no es algo fácil. A través de los años nos han dicho que lo mejor es estudiar mucho para que cuando seas mayor, obtengas un buen trabajo. Para romper este patrón de pensamiento y empezar a ver o pensar en ti mismo como un hombre de negocios exitoso requiere mucho más que afirmaciones positivas tales como "yo puedo hacerlo." Si 'puedo hacerlo' está fuera de tu patrón de pensamiento, entonces, por más que lo intentes tanto como quieras, no podrás hacerlo.

Creo con todo mi corazón que si lo puedes pensar, lo puedes hacer. El escritor del libro de los Proverbios, el rey más sabio que alguna vez existió sobre la faz de la tierra, lo sabía muy bien cuando dijo que "Porque cual es su pensamiento en su corazón, tal es él." Tus pensamientos definen el tipo de persona en el que te conviertes. Incontables veces culpamos a las circunstancias externas, mientras que en realidad la causa principal de nuestro fracaso se encuentra en nuestros patrones de pensamiento.

Te invito a que pienses cuáles son los patrones de pensamiento que te están impidiendo llegar a las metas propuestas. Anótalos en una hoja de papel y al lado anota cuál es el pensamiento que lo sustituirá. De esta forma, cada vez que venga a tu mente el pensamiento negativo, tendrás a mano el pensamiento correcto.

Te animo a que lo hagas y tengas esa hoja de papel a mano, pues este ejercicio te ayudará a renovar tu mente para atraer el dinero que necesitas a tu vida.

4

Celebra los pequeños logros

Un puñado de pequeños logros hace grandes logros

¿Qué tipo de persona eres? ¿Eres de los que siempre tienen la mente enfocada en cosas más grandes y por lo tanto desechas los pequeños logros que obtienes? Sí, sé que mucha gente todavía dice que lo mejor está por venir. Es cierto, pero no te olvides que los grandes logros comienzan con los más pequeños.

El éxito es un proceso inconsciente. Existe un sendero y una continuidad que deben de seguirse. No hay atajos, todos seguimos los mismos procesos. El peligro comienza cuando las personas tienden a lograr todo con demasiada rapidez. Es como si no quisieran ganarse su éxito, por el contrario, lo quieren comprar, lo cual no es concebible.

¿Por qué necesitamos apreciar los pequeños logros?

Hace poco me encontré con un par de conocidos. Conversamos acerca de muchas cosas, y terminamos hablando de varios de nuestros logros en la vida. Asombrosamente todos buscamos el éxito. Creo que lo que nos hace darle seguimiento a nuestras metas y planes es ver aquellos pequeños logros que hemos obtenido anteriormente. Puede que no hayamos logrado el éxito supremo que buscamos, pero si sumamos todos los pequeños logros que hemos obtenido en la vida, el resultado se ve en realidad prominente.

Toma nota de esto, observa incluso el éxito más pequeño que hayas tenido. Esto te recordará que estás avanzando de una manera positiva hacia tus metas.

Siempre recuerdo el siguiente dicho: "Pequeñas olas hacen un vasto océano". Esto significa que con cada éxito que tengamos, sin importar qué tan pequeño sea, este producirá un impacto en nosotros para que logremos obtener un éxito más grande en el futuro.

Adoptar pequeñas acciones positivas y obtener pequeños logros en el camino te dará confianza en ti mismo y en tus sueños. No temas al fracaso ni al éxito. Tienes que dar el paso y tropezarte hasta que consigas tu propósito. La acción crea el impulso y el impulso crea el poder; el poder atrae el éxito y el dinero.

Si todavía sientes que aún no has logrado nada financieramente hablando, toma un momento y revisa estas maneras efectivas de administrar tu dinero.

Existen muchos consejos y se puede decir mucho más sobre cómo administrar el dinero en general. Técnicamente todos estos consejos hablan de una sola cosa: La habilidad de tener dinero cuando lo necesitas. Cuando deseas obtener dinero y no llegas a conseguirlo al surgir la necesidad, no necesariamente significa que eres incapaz de administrarlo efectivamente, sino que puede ser simplemente un exceso de eventos inesperados. Sin embargo, uno debería de poder obtener y encontrar maneras de conseguir la cantidad necesaria en caso de que haya un presupuesto limitado a causa del imprevisto.

Mira a las metas futuras

Uno de los valores más importantes y progresivos que una persona puede tener para administrar el dinero es el sentido de la previsión. La previsión se refiere a la habilidad de la persona para saber qué cosas son las más probables que le sucedan en el futuro, y poder prepararse de antemano con suficiente tiempo. Es la responsabilidad de poder organizar adecuadamente el tiempo y la asignación de los fondos. Con respecto a esto mismo, hay que tomar en cuenta otros pagos, facturas y asignaciones de gastos que tienen que ser identificadas apropiadamente y ser incluidos en el plan.

La opción de tener que crear un subsidio o una meta extendida podría ser beneficiosa para el planificador, porque le permite ajustarse y poderle hacer frente a los eventos inesperados con mayor facilidad. En este caso el que administra el dinero puede tener algo adicional para la temporada lluviosa que puede venir más adelante.

Me recuerda a lo que dijo el sabio rey Salomón, cuando gobernaba la tierra de Israel. Este rey es grandemente reconocido por su sabiduría hasta el día de hoy: "¡Vamos, joven perezoso, fíjate en la hormiga! ¡Fíjate en cómo trabaja, y aprende a ser sabio como ella! La hormiga no tiene jefes, ni capataces ni gobernantes, pero durante la cosecha recoge su comida y la guarda. Jovencito perezoso, ¿cuánto más seguirás durmiendo?, ¿cuándo vas a despertar? Te duermes un poco, te tomas la siesta, tomas un descansito y te cruzas de brazos... ¡Así acabarás en la más terrible pobreza!" (Libro de Proverbios 6:6-11, Traducción Lenguaje Actual).

¡Invierte, invierte, invierte!

Otro método para administrar efectivamente el dinero es invertirlo en proyectos progresivos y productivos que podrían convertirse en otras fuentes de ingreso. En lugar de dejar los ahorros en el banco y ganar anualmente una pequeña cantidad de interés, sería muy acertado colocar una parte de ese dinero y otros recursos en un negocio. Por supuesto que puede ser poco productivo y perjudicial, pues todo negocio tiene sus riesgos, pero el colocar esos recursos en diferentes senderos de productividad ampliará el alcance de tus ingresos. De esta forma descubrirás la mejor manera de administrar y tener más dinero para mejorar tu posición en la sociedad.

Invertir no solamente significa tener que incursionar en una aventura de negocios sino también convertirse en un accionista, sin importar qué tan pequeño sea el negocio. Ser un accionista y convertirse en dueño parcial de un negocio coloca a la persona en un estado dirigido hacia el lucro, al obtener un porcentaje de las ganancias que dicho negocio genere. Sin embargo, el riesgo de perder el capital utilizado en esta inversión es tan grande como tener un negocio propio.

El paradigma de 3:3:4

Este paradigma toma en cuenta que todos los servicios

públicos y las cuentas mensuales ya han sido pagados y el monto restante es el dinero extra que sobra. Lo más probable es que muchos no tengan la suerte de tenerlo. Aun así, sin importar qué tan pequeña sea esa cantidad, es un buen comienzo. El paradigma de 3:3:4 significa que 30% del dinero sobrante se ahorrará en el banco, 30% se usará para invertirlo donde desees, y el restante 40% se destinará a lujos y placeres de la persona. El último aspecto es importante para darle un sentido de premio a la persona y liberar su mente del agobio y del desaliento.

Cuando se combinan estos aspectos se convierten frecuentemente en maneras efectivas de administrar el dinero y no sentirse agobiados por tener que conseguir dinero extra para pagar deudas anteriores. Será de gran ayuda para ti mirar hacia adelante a un ritmo progresivo de vida en lugar de realizar un mantenimiento retroactivo.

5

Cuestiona tus creencias

No te quedes estancado: cuestiona tus creencias

"La creencia no es el principio, sino el fin de todo conocimiento."
Johann Wolfgang Goethe

Algunas personas creen que no tienen ni siquiera una oportunidad de vivir el estilo de vida que desean. Tal vez alguien en el pasado les dijo que nunca lograrían algo por ellos mismos. Así que siguen adelante aceptando ese mensaje. Algo en sus cabezas les dice que no vale la pena hacer el esfuerzo porque nunca tendrán éxito. Este tipo de creencias se convierte luego en una profecía que se cumple por sí misma.

Si tienes las ideas equivocadas entonces nunca

obtendrás la riqueza que mereces.

No te conviertas en víctima de la idea de que algo debe ser cierto solamente porque muchas personas lo creen. A pesar de que muchos de ellos comparten una idea, no significa que va a ser más o menos verdadero. El número de personas que lo crean no influye en qué tan verdadero pueda ser. Hubo un tiempo en que prácticamente todos creían – de hecho sabían por un hecho visible – que la tierra era plana y el sol circulaba alrededor de ella diariamente. ¿Adivina qué? ¡Eso no los hizo tener la razón!

Cuestiónate constantemente tus creencias. Es muy tentador consolarse en las creencias cuando la vida es dura y el futuro es incierto. Las creencias te ayudan a sentirte estable. Te sentirás ansioso al saber que las ideas en las que confías pueden ser falsas; pero si piensas claramente en ello, verás que una creencia verdadera siempre saldrá adelante de un examen detallado. Las nociones falsas y anticuadas no lo harán – y debes quitarlas de tu camino. Siempre es bueno que te preguntes, "¿Es esto verdadero? ¿Cómo sé que es cierto? ¿Todavía se puede confiar en esto?" Las creencias no examinadas son lo mismo que los cuentos de hadas: ocasionalmente lindas, ocasionalmente reconfortantes, frecuentemente divertidas e invariablemente basadas en lo que quieres que sea cierto, pero no en lo que es verdadero.

¿En cuántas de las siguientes nociones acerca del dinero crees? ¿Cuántos de los siguientes conceptos sobre el dinero has dicho o creído en broma? Ya sea que lo creas o simplemente lo hayas dicho en broma – inconscientemente están gobernando tu actitud hacia el dinero.

- Las personas más adineradas se vuelven ricas a expensas de los desafortunados.
- La mayoría de las personas adineradas se vuelven ricas realizando algo ilegal.
- El dinero es el origen de todos los males.
- Ser rico es "tener un deseo despiadado por dinero."
- No merezco ser rico.
- Ser rico es "inmoral."
- Se puede confiar más en los pobres que en los ricos.
- Los pobres son más religiosos.
- Las personas ricas son hostiles y groseras.
- Asquerosamente rico.
- Trabajo tan duro como puedo – si tuviera que ser rico ya lo sería en este momento.
- Mi padre no era rico – todas las personas ricas que conozco tuvieron padres ricos.
- Todas la personas ricas son extraordinarias – muy originales, con alto coeficiente intelectual, talentosas.
- Algunas personas simplemente tienen suerte cuando se trata de ingresos.

- Se necesita dinero para conseguir dinero – no tengo dinero, por lo tanto no puedo hacer más dinero excepto en un trabajo de 9 de la mañana a 5 de la tarde.

Lo que crees acerca del dinero está regulando cuánta riqueza puedes crear como así también la manera en que lo haces. Tus conceptos acerca del dinero determinan si vas a tener abundancia infinita o si vas a estar constantemente luchando para llegar a fin de mes.

Robert Bolt, un guionista y escritor británico, ganador de dos premios Óscar, dijo una vez algo muy importante: "Una creencia no es solamente una idea que la mente posee, es una idea que posee a la mente."

Tu noción acerca del dinero hace que actúes en consecuencia, produciendo dinero ya sea por medio de la angustia o soportando un trabajo sin salida el cual detestas. Si, en cambio, el dinero te llega fácilmente y sin esfuerzo, es seguramente porque eres como un imán que lo atrae.

En una ocasión, un hombre recibió la visita de su hija, quien le confesó que estaba pasando por momentos difíciles en su vida y sentía que las cosas no le resultaban como ella esperaba. Se quejó de lo que le estaba sucediendo y le dijo que ya no sabía cómo hacer para seguir adelante.

Le reveló que ya estaba cansada de lidiar con aquellos

problemas y que finalmente se daría por vencida, pues cada vez que solucionaba un inconveniente aparecía otro y a veces muchos más de golpe.

Luego de escuchar lo que su hija tenía para decirle, el padre, quien era cocinero en un famoso restaurante de la zona, llevó a su hija a su lugar de trabajo.

En la cocina llenó tres recipientes con agua, prendió el fuego y las colocó con la llama bien alta. A los pocos minutos el agua ya estaba hirviendo. En una olla tiró zanahorias, en la segunda huevos y en la tercera algunos granos de café. Sin más explicaciones las dejó hervir allí.

La hija no sabía qué estaba haciendo su padre, pero esperó con mucha paciencia. Luego de más de 15 minutos, el chef apagó el fuego. Retiró las zanahorias y las puso en un pocillo. Luego sacó los huevos y los puso en un plato. Para finalizar, coló el café y lo puso en otro recipiente. Mirando con mucho amor a su hija le preguntó: "Hija, ¿qué es lo que ves?" "Pues sólo veo zanahorias, huevos y café", fue su respuesta.

A continuación el padre la invitó a acercarse, le pidió que tocara las zanahorias y ella lo hizo. Al palparlas advirtió que estaban blandas. Luego el padre le dijo que tomara un huevo y lo descascarara. Unos segundos después, cuando le hubo sacado toda la cáscara, la hija miró el huevo duro. Por último, el padre le pidió que tomara un sorbo de café. Primero sonrió y luego bebió del mismo, disfrutando del rico aroma. A continuación, preguntó: "¿Por qué me hiciste hacer todo esto? ¿Qué significa?"

Su padre, muy contento por la pregunta, le explicó que los tres elementos enfrentaron la misma adversidad: el agua hirviendo. Sin embargo, cada uno de ellos reaccionó de manera diferente. La zanahoria llegó al agua muy fuerte y dura; pero luego de pasar por el agua hirviendo se había vuelto más blanda, débil y fácil de desbaratar. El huevo, en cambio, había llegado al agua mucho más frágil a pesar de su cáscara fina que protegía su interior líquido; pero al final, después de estar en agua hirviendo por más de 15 minutos su interior se había endurecido. Con los granos de café pasó algo diferente: eran únicos, pues después de estar en agua hirviendo, habían transformado al agua.

"¿Cuál de todos estos elementos eres tú?", le preguntó el padre a su hija. "Cuando la desgracia y la adversidad golpean tu vida, ¿cómo respondes? ¿Eres como la zanahoria que parece fuerte pero que cuando el desastre y el dolor te tocan, te vuelves frágil y pierdes tu fortaleza? ¿Eres un huevo, con un interior algo blando y flexible, pero después de una separación, una muerte, o un despido te vuelves duro y rígido? Por fuera te ves igual, pero ¿estás amargada, con un corazón duro y lleno de resentimientos por dentro?

¿O eres como los granos de café, que cambiaron al agua hirviendo, ese elemento que les causó tanto dolor? Dicen que cuando el agua llega al punto máximo de ebullición el café alcanza su mejor sabor. Si verdaderamente eres como el grano de café, cuando las cosas se ponen de mal en peor tú reaccionarás mejor y harás que las cosas mejoren a tu alrededor."

Qué gran lección le dio el padre a su hija. Y tú, ¿cuál de los tres elementos eres? ¿Cómo reaccionas frente a la adversidad que te toca vivir?

Tus conceptos acerca del dinero influencian tu zona de confort financiero, que es donde te sientes cómodo a un nivel subconsciente, en el delicado reino de tus emociones. Tu zona de confort financiera en parte es definida por tus experiencias anteriores, a menos que te quieras deshacer de ellas y centrarte en eso de inmediato, estás más que capacitado para producir cualquier cantidad de dinero que desees y darte a ti mismo licencia para experimentar la abundancia financiera.

¿Cuán diferente sería tu vida si tuvieras la noción de que el dinero viene hacia ti tan fácilmente como el aire que respiras?

¿Cuán diferente sería tu vida si pensaras del dinero como una especie de energía en la cual vives y te mueves, y que todo el dinero que potencialmente necesitas vendrá hacia ti si estás dispuesto a dejarlo entrar a tu vida?

Si tuviste problemas respondiendo estas preguntas o dudaste por un momento, has decidido que tener todo el dinero que deseas no es algo que te hace sentir cómodo. El próximo paso es resolver qué vas a cambiar en cuanto a tus creencias sobre el dinero y averiguar por qué te están impidiendo obtener lo que mereces.

6

El poder del dinero y un nuevo enfoque

El viaje es la recompensa

Las personas están comenzando a comprender que el viaje es la recompensa. Esto se puede decir también de otra forma: las cosas que logras son cruciales, no el dinero. Por ejemplo, el dinero vendrá después si te enfocas atentamente en descubrir qué necesita tu prójimo.

El dinero es confianza y la confianza es poder: Cambia tu enfoque.

Por ejemplo, entre más innoves y captures las ondas emergentes de la sociedad, más ganancias seguirán la estela de tus intentos. Algunas compañías de Silicon

Valley como Apple y Google nos dan una lección. Estas empresas están dedicadas a cambiar el mundo con sus productos y servicios avanzados en el campo de la tecnología y el Internet. Como resultado, el dinero los sigue a montones. O como se dice en algunos países: "lo levantan con pala" Estas compañías han conseguido efectivo prácticamente infinito sin endeudamiento a largo plazo. Esto demuestra el crecimiento de la auto-multiplicación del dinero en la sociedad.

¿Cuál es el secreto de toda compañía exitosa? ¿Sabes cuál es el secreto del éxito detrás de miles de millonarios hoy en día? Es algo que muchos saben, pero pocos ponen en práctica: El verdadero éxito no consiste en cuanto has acumulado para ti mismo, sino en cuánto has hecho por los demás.

Encuentra un problema y brinda una solución y verás que la riqueza está a la vuelta de la esquina. El mundo está lleno de problemas y los que se enriquecen son aquellos que brindan soluciones para los miles de problemas que el mundo atraviesa hoy en día.

El dinero conlleva el poder de la confianza. Cuanto más uno confía, más se propaga. Un ejemplo de esto es cuando el sistema bancario presta dinero a aquel que lo necesita. Una propagación de este poder de la confianza está en la disponibilidad de microcréditos para mujeres de pocos recursos en Asia. El máximo poder del dinero está en la confianza. Cuando nos conectamos con nuestro ser interior, nos alejamos del ego que nos gobierna día a día, de esta manera hacemos posible que esa confianza crezca en nuestro interior.

El dinero simplemente le llega a todos aquellos que no están atados a él. Lamentablemente, el hombre es un gran esclavo del dinero. Como lo dijo Jacques Benigne Bossuet (1627-1704), un clérigo católico francés y escritor. "La posesión de la riqueza tiene lazos invisibles en donde el corazón se enreda fácilmente."

Muchos creen que, en su mayoría, el dinero está en manos de fuerzas oscuras, pero si ese concepto fue cierto en el pasado, hoy eso está cambiando. Creo que hoy en día se están levantando grandes hombres y mujeres con un deseo de ayudar a los demás y no sólo generar ganancias por el solo hecho de tener más dinero, sino para cambiar vidas y mejorar la calidad de vida de cada una de las personas que vive en este mundo.

Creo que podemos superar el estado de las cosas cambiando nuestra conciencia, incluyendo nuestra relación y visión que tenemos en cuanto al dinero.

El dinero es un inmenso poder social que el mundo muchas veces desaprovecha. Si nos unimos a ese poder social emergente nos alinearemos con las infinitas posibilidades que ofrece el dinero.

Es una ley básica de la vida que todo – ya sea un objeto físico o un humano – responde a una mayor atención. El dinero no es la excepción. La mejor manera de darle atención al dinero es dar cuenta de él de una manera precisa y oportuna. Mantener un registro correcto y actualizado del dinero es un potente mecanismo para atraer más dinero.

-El propietario de un pequeño negocio hizo en un fin de semana el balance de 8 meses de cuentas bancarias, y obtuvo de la nada $5000 al día siguiente.

-Una persona descubrió que una máquina que no se usaba estaba en mal estado, así que decidió limpiarla y arreglarla. Un par de días después surgió un proyecto en su comunidad, en el cual se necesitaba esa misma máquina para llevarlo a cabo. El proyecto que utilizó esa máquina se convirtió en una enorme fuente de ingresos para la empresa.

Manifiesta una avalancha de dinero con esta técnica

Puedes manifestar fácilmente el dinero de una manera rápida y en masa si te permites literalmente expandirte. Existen secretos en la naturaleza que pueden aumentar fácilmente tu habilidad de manifestarse si se aplican correctamente y con entendimiento. Una y otra vez estas técnicas han obtenido resultados sorprendentes.

La ciencia de manifestar grandes cantidades de dinero es tan sorprendentemente exacta que dos personas en un mismo negocio pueden estar vendiendo el mismo producto, pero con la posibilidad de que una lo haga extremadamente bien y el otro falle de manera miserable. No es el servicio o el producto en sí lo que lo hace a uno rico, sino que es algo mucho más grande, pero también muy sencillo.

Las personas que no tienen éxito al intentar materializar el dinero o aquellas que dudan de que el dinero pueda venir rápidamente están bloqueadas por ellas mismas. Esta clase de personas se auto-boicotean. Aquellas que son adineradas tienen una poderosa energía dinámica que literalmente se expande más allá de su cuerpo, más allá de su hogar e incluso su comunidad. No solamente pueden ver más allá de sus condiciones presentes, sino también más allá de su propia influencia de energía personal en proporciones de masa. Su energía es tan poderosa que no necesitan salir o esforzarse para influenciar.

Manifestar dinero se trata de expandirse mental, física y espiritualmente. ¿Puedes proveer de algún servicio a los millones de personas en el planeta tierra que lo necesitan? Si alguien en tu pueblo tiene una necesidad, podría ser que existan millones de personas alrededor del planeta que estarían dispuestas a pagar por ese servicio. Como puedes ver, tu mente se tiene que expandir para poder crear en grandes cantidades.

El universo es abundante, y si no eres capaz de ver la abundancia que te rodea, entonces vivirás bloqueado, y no importa qué tan grandioso sea tu servicio o tu deseo de manifestar dinero, simplemente no lo lograrás.

La manera más rápida de manifestar algo es moverse más allá de lo que ves físicamente y volverse más grande que aquello que deseas manifestar. De esta manera ganas poder y dominio sobre cualquier cosa que puedas superar. Cuando vas más allá del dinero, este ya no tiene control sobre ti y tú dominas a dónde va y cómo viene.

Parece ser un concepto sencillo, pero pocas personas pueden salirse del hechizo del dinero. Permanecen de manera cobarde debajo de su deseo de tener más y más dinero, sin darse cuenta que cualquier cosa que coloquen encima de ellos siempre dominará sus vidas. Como dijo Aristóteles (384 AC-322 AC), el gran filósofo griego: "La riqueza consiste mucho más en el disfrute que en la posesión."

Elige el objetivo que deseas manifestar y luego imagínate a ti mismo moviéndote más allá como si el objetivo fuera un grano de arena. Luego mira a ese objetivo en el gran plan del planeta y date cuenta de todas las increíbles posibilidades que pueden hacer que tu objetivo de dinero se vuelva real.

Las posibilidades y los grandes negocios están listos

para manifestarse si sales de tu caja mental y tu zona de confort inmediata.

7

Descubre por qué prosperan los malos

Aprende los secretos de "los malos"

Muchas veces he escuchado la siguiente pregunta: ¿Por qué los que no son tan buenos o incluso las personas malas están inundadas de dinero y comodidades?

Por un lado la vida no es moral – por ejemplo un sencillo bien por bien, mal por mal – sino que es "amoral" y neutral, lo que trae una variedad de componentes que determinarán si reaccionará a favor de uno. Por ejemplo, la vida reacciona no solamente a la bondad, sino también a la intensidad.

Las personas ricas frecuentemente son fuertes y la vida reacciona positivamente a esa fortaleza. La energía que descargan sobrepasa lo negativo, así que la vida reacciona de manera positiva hacia ellos. Por otro lado, si ellos extravían su fuerza y voluntad, es probable que tengan una caída penosa.

Entendemos que el dinero y las comodidades no son el objetivo de la vida. Ellos son los medios para llegar a cosas mucho más grandes. Si todo lo que las personas no tan buenas tienen es dinero y confort pero les falta felicidad verdadera y un sentido de realización plena, simplemente han conseguido lo que merecían.

Adicionalmente, estos individuos frecuentemente reconocen los procesos que atraen el dinero; no solamente cómo ganarlo externamente, sino que también perciben semi o subconscientemente las leyes escurridizas y ocultas que lo gobiernan y atraen.

Somos conscientes de que la vida reacciona a partir de la acción de la creación –por ejemplo, tener una visión de algo, la voluntad intensa para llevarla a cabo, coordinar los detalles y llevarlo a cabo de manera oportuna con excelentes habilidades. Uno puede ser una buena o mala persona al seguir ese proceso.

La vida universal es inerte y amoral, y por lo tanto reacciona a tales factores inertes. Naturalmente, si estos factores son negativos en algún aspecto de sus vidas, esto aparecerá en algún lugar, ya sea en un aspecto diferente (por ejemplo con la familia, la reputación o en algo de consideración) o por medio de problemas con la propia riqueza. Ya lo dice el dicho popular: "lo que siembras, cosechas."

La verdadera satisfacción llega a través del aceptar los hechos, cuando ponemos en práctica la integridad y otros altos valores mientras buscamos generar más dinero.

La persona espiritual no tiene como objetivo la riqueza propia, los recursos, etc., sino ir tras de ella por el interés de las demás personas, de manera que puedan repartir a la colectividad, para que puedan utilizarlos para el más alto de los propósitos.

Si también obtenemos fuerza, poder, energía, empuje y visión para soportar, entonces obtendremos resultados positivos, los que experimentaremos con una alegría profunda y satisfacción completa.

Nunca dejes de lado tu sueño, no descuides tu enfoque. Recuerda qué es lo más importante en tu vida. Esto me recuerda una pequeña historia que oí hace tiempo.

En una ocasión, un humilde zapatero se cansó de su situación económica y comenzó a quejarse ante Dios. Todos los días y sin parar se quejaba de su extrema pobreza.

El Señor escuchó sus quejas y un buen día decidió visitarlo. Bajó a la tierra como mendigo y fue hasta su casa. Tocó la puerta, y cuando el zapatero le abrió, le dijo: "Buenos días, caballero. A pesar de que hace muchos días que no he probado bocado y no tengo ni una moneda conmigo, me tomé el atrevimiento de tocar a su puerta pues me gustaría saber si sería tan amable de arreglarme las sandalias para que pueda seguir mi camino."

Asombrado por la petición, el zapatero le respondió: "Se confunde amigo, yo soy un hombre muy pobre… y la verdad ya estoy muy cansado de que todo el mundo venga a pedir y nadie venga a dar."

El Señor, en forma de mendigo, le contestó: "Caballero, yo puedo darle a usted lo que quiera." El zapatero, ni lerdo ni perezoso, se apresuró a preguntar: "¿Acaso podrías darme dinero?"

El Señor le respondió: "Podría darle hasta diez millones de dólares, pero con una condición: le costaría a usted sus dos piernas."

"¿Para qué quisiera yo diez millones de dólares si no voy a poder caminar, correr, bailar ni hacer deportes?", le contestó el zapatero.

A lo que el Señor repuso: "Está bien, le podría dar 100 millones de dólares a cambio de sus dos brazos." El zapatero, muy sorprendido, respondió: "¿Para qué quisiera yo cien millones de dólares si no voy a poder alimentarme, trabajar, leer un libro ni jugar con mis hijos?"

Entonces el Señor le dijo: "En ese caso, lo que podría ofrecerle son mil millones de dólares a cambio de sus ojos." El zapatero le contestó, esta vez muy asustado: "La verdad que no entiendo, ¿de qué me sirven 1,000 millones de dólares si no voy a ver por dónde camino, ni el amanecer, ni a mi hermosa familia?"

Fue entonces cuando el Señor le dijo: "Caballero, es usted muy bienaventurado, pero a la vez tan necio, pues teniendo tanta fortuna no se da cuenta de la riqueza que posee."

Cómo desarrollar un modo de pensar que pueda atraer abundancia

1. Olvídate de todo lo que piensas que sabes acerca de la realidad y cómo funciona. Existen muchas leyes espirituales que trabajan sinérgicamente unas con otras. Puedes atraer dinero más rápidamente cuando aprendas la receta. Es como hornear un pastel, no puedes hornear uno con solamente un ingrediente. Conforme entiendas la naturaleza de la realidad y el dinero, podrás manejar el flujo que viene hacia ti con muy poco esfuerzo. Abre tu mente a las grandes posibilidades de la realidad.

2. Deja de hacer al dinero tu dios o de ser su esclavo.

La mayoría de las personas se sienten atemorizadas por el dinero. A pesar de que lo desean, se colocan por debajo del dinero y permiten que éste dirija su estado mental y emocional. Cualquier cosa que coloques por encima de ti va a controlar tu existencia. En el momento en que dejes de considerarlo algo importante, pierde su poder sobre ti. Es entonces cuando tu habilidad para manifestar más dinero aumentará a pasos agigantados. Es como si el universo te hubiera puesto una prueba para ver si descubres que el dinero no es necesario para obtener lo que deseas. En el momento en que descubras este secreto interior, tu habilidad para desarrollar un modo de pensar que pueda atraer abundancia aumentará rápidamente. En el momento en que te deshagas de tus miedos hacia algo, este se convierte en tu amigo y aliado.

3. Tú eres la primera fuente de dinero. No importa lo que digan los demás, el dinero no proviene de las demás personas. Primero llega hacia ti en un nivel subatómico, luego fluye hacia los demás y regresa hacia ti. Existe un ciclo en la creación del dinero, pero tienes que saber que comienza únicamente contigo. Si deseas conseguir un aumento en tu actual trabajo o si quieres incrementar tus ventas, no puedes confiar en tu jefe ni en nadie más para que lo haga por ti. Primero tienes que crear ese dinero en un nivel profundo antes de que pueda emerger. Además tienes que dar ese dinero en la forma de un servicio para que pueda regresar a ti, ya sea

en forma de dinero o de las cosas que deseas.

¿Qué piensas de estos tres puntos? Si te sumerges en cada uno de ellos con un deseo sincero de comprenderlos, de inmediato te desharás de más creencias limitantes acerca del dinero. Manifestar el dinero es sin duda muy fácil si permites una autoevaluación sincera de ti mismo.

Cómo usar la ley de la atracción para atraer el dinero

Existen algunos secretos para desarrollar un modo de pensar que pueda atraer abundancia, los cuales son un poco diferentes de los de manifestar otras cosas. En nuestra sociedad el dinero acapara tanto nuestro tiempo y todos nuestros sueños que literalmente estamos bajo su hechizo. El dinero rige nuestras vidas. La técnica que estás a punto de aprender es sencilla pero muy eficaz para aumentar el flujo de dinero. Lo sé porque siempre me funciona.

¿Alguna vez te has dado cuenta de que la mayoría, si no todas nuestras acciones están en realidad dirigidas por el dinero y por conseguir todavía más? Lamentablemente es cierto y esto hace que las personas se sientan frustradas con respecto a su patrimonio. Nuestros pensamientos negativos acerca del dinero evitan que podamos manifestar más riqueza en nuestras vidas.

Cuando decidimos usar la ley de la atracción para manifestar algo, tendemos a invertir mucho tiempo enfocados en eso. Ese es el ingrediente principal para aplicar la ley de la atracción y funciona. Entre más estemos enfocados en manifestar algo, más rápido lo atraeremos. Sin embargo, con el dinero no funciona de igual manera.

Debido a que nuestra mente ha sido programada con una fuerte negativa interna hacia la prosperidad, enfocarse en el dinero no funciona para la mayoría de las personas. Esto es así porque mucha gente tiene una visión negativa muy profunda en su subconsciente en cuanto a las riquezas que funciona como un bloqueo mental cuando se trata el tema. Incluso las afirmaciones acerca del dinero no funcionan y la mayoría de las veces estas afirmaciones son más dañinas que beneficiosas.

Si te enfocas en usar la ley de la atracción para manifestar dinero, puede que te encuentres entre las muchas personas que se sienten algo frustradas. Por suerte existen técnicas que desarman esos bloqueos negativos hacia el dinero y te ayudan a manifestarlo más rápido.

El primer paso y el más importante para manifestar rápido el dinero es hacer las paces con la prosperidad y seguir adelante. ¿Qué quiero decir con seguir adelante?

Me refiero a que te olvides un poco del dinero. A que te olvides de todo aquello que te han dicho con anterioridad acerca del tema y la necesidad de acumular riquezas.

¿Qué harías si el dinero no fuera parte de nuestro sistema de trueque? ¿Cómo conseguirías las cosas que quieres en la vida? ¿Cómo puedes usar de la mejor manera la ley de la atracción para manifestar las cosas que quieres sin la necesidad de dinero?

Quiero que pongas a prueba tus habilidades mentales reflexionando un minuto sobre estas preguntas. Como verás, hay muchas respuestas y opciones en ti que van más allá del dinero. Conforme superes la necesidad de obtener riquezas, sorprendentemente el dinero fluirá y se manifestará a ti más rápidamente.

El dinero puede ser atraído sin estrés y sin tanta tensión. La forma más fácil de atraer el dinero es utilizar el poder de la mente. Esto asegura que tus actos serán inspirados y esto provoca atracción positiva.

La ley de la atracción dice que la mente dicta los actos del hombre. Cuando la mente es redirigida adecuadamente es mucho más fácil atraer el dinero. A continuación comparto algunos consejos que pueden ayudarte a atraer más dinero a tu vida mediante el uso de la ley de atracción.

1. Nunca pierdas oportunidad de dar. Es simple,

cuando veas un recipiente para una organización sin fines de lucro apoyado encima del mostrador de tu tienda local, no pienses dos veces y deja caer uno o dos dólares. Cuando estés caminando por el supermercado o algún centro comercial de tu ciudad y veas al Ejército de Salvación o cualquier otra organización haciendo una colecta, asegúrate de colocar un par de dólares allí también.

De hecho, para cualquier oportunidad que tengas de dar algo de dinero, asegúrate de hacerlo sin ninguna duda o arrepentimiento, ni aferrándote al dinero que estás regalando.

2. Concéntrate en lo mucho que te gustaría atraer a tu vida y cuándo. Visualiza y presta mucha atención a la cantidad que deseas atraer hacia ti. También asegúrate de escribirlo, incluyendo la línea de tiempo para cuando lo esperas.

Mantén tu enfoque en la cantidad que deseas y cuándo lo deseas. Mantén tu mente lejos de lo que tiene actualmente, de lo que no posees y enfócate por completo en lo que esperas obtener.

El poder de la facultad para visualizar es inmenso. Ver algo en tu mente y creer que es verdad es el camino. Este es uno de los factores más importantes de la ley de atracción. Haz las cosas que sólo harías si tuvieras el dinero para hacerlas. Siente la libertad que produce el experimentar un poco. Los sentimientos son la clave. El sentirte rico crea la verdadera riqueza, pues si te sientes próspero atraerás las ideas que te volverán rico de verdad.

3. Bendice el dinero que ya tienes. Bendecir algo le dice al universo que envíe más. Lo que está bendecido aumenta a montones. Así que toma el dinero de tu billetera, tócalo, siéntelo, da gracias a Dios por ello y bendícelo. Dilo en voz alta: "Yo bendigo todo lo que tengo y miro con asombro y admiración el dinero que viene en camino." Adelante, hazlo ahora. Repítelo diez veces poniendo énfasis y sentimiento.

4. Evita aquellos pensamientos y emociones que te llevan a la carencia y a pensar que no tienes suficiente. A medida que practicas estos consejos, asegúrate de que estás sintiendo las emociones de la abundancia y la prosperidad. Si estás dando dinero y tienes miedo de que luego no tendrás lo suficiente para llegar a fin de mes, no estás en el camino correcto.

Asegúrate de sentir la abundancia y la riqueza a través de todo tu ser cuando piensas en el dinero que deseas. Evita pensar, hablar y sentir como si realmente no tuvieras lo suficiente. Siempre enfócate en sentir y hablar de todo como si de verdad vivieras una vida de abundancia total y como si ya estuvieras experimentando la riqueza financiera.

5. Gasta Libremente. No me refiero a despilfarrar recursos. Me refiero a que gastes lo que tienes con alegría. Disfruta el dinero que utilizas diariamente. Es un regalo. Al gastar libremente se envía una señal al universo a través de la ley de atracción que dice que eres una persona próspera. La gente próspera atrae el dinero con facilidad.

No importa si es una moneda de diez centavos o diez millones de dólares, si se siente increíble gastar el dinero, atraerás todavía más. El universo no mide por grande o pequeño. Simplemente responde a tu vibración predominante.

8

Circulación y dinero

Todo necesita circulación para sobrevivir

Como cualquier otro poder, el dinero necesita moverse libremente para poder mantenerse a sí mismo. Ya sea que decidas tanto el evitar arriesgar tu dinero así como desperdiciarlo, las dos cosas evitan el flujo libre de la energía, y por lo tanto el libre flujo del dinero.

De hecho, hemos visto casos donde las personas no estaban dispuestas a pagar las facturas que debían hasta que no recibieran el pago de dinero que otra gente les debía. Revertir este tipo de actitud mental puede traer una respuesta repentina y llenar tu vida de abundancia.

Un programador de software que conozco

personalmente, quien no tenía mucho dinero consigo, no estaba dispuesto a pagar sus deudas actuales hasta que sus clientes no le pagaran las deudas que tenían con él. Llevaba días esperando a que llegaran esos pagos.

Un buen día decidió cambiar su actitud, siguió adelante y realizó los pagos de las deudas que tenía. Cuando 10 minutos más tarde fue a buscar su correo, se sorprendió al encontrar en el buzón los cheques que tanto había estado esperando.

También hemos visto ejemplos de personas que no estaban dispuestas a gastar el dinero que tenían en necesidades cruciales a pesar de su abundancia. A pesar de que tenían suficiente dinero, lo seguían acumulando, a veces por un miedo infundado. Cuando cambiaron su forma de pensar, la vida les respondió con experiencias maravillosas. Déjame contarte unos ejemplos:

-Un dueño de un prestigioso sitio de internet dudaba de hacer una mejora al mismo debido a los costos adicionales, a pesar de que tenía el dinero suficiente. El proveedor del sitio web había hecho la sugerencia varias veces con anterioridad.

Cuando finalmente el dueño del sitio de internet superó su renuencia a realizar el gasto, para su sorpresa descubrió que el proveedor del sitio web, un día antes, repentinamente había comenzado a ofrecer un sitio mejor y más valioso, a prácticamente el mismo costo que su sitio actual.

-Había un caballero que estaba reacio a invertir dinero en un amigo que se lo merecía. Cuando cambió su forma de pensar y lo hizo, vio que el dinero regresó hacia él en la misma cantidad que lo que había gastado en su amigo.

Esto demuestra la "Correspondencia interior-exterior" en acción, es decir, la vida repercute en el exterior de tu estado psicológico dentro de ti. Si confirmas más tus creencias o actitudes, tales como superar la falta de voluntad para pagar una deuda o acumular dinero, verás que la vida en el exterior responderá de manera positiva a cómo reaccionas en tu interior.

La ciencia para manifestar más rápidamente el dinero

Existe una gran ciencia para manifestar el dinero más rápidamente. Cuando hablo de manifestar, me refiero a exhibirlo, demostrarlo en la vida real. Es decir, lograr que aparezca. No estoy hablando de que aparezca por arte de magia, sino por alguna acción que hayamos realizado anteriormente.

Puedes aprender a aplicar esta gran ciencia rápidamente a tu vida y comenzar a ver de inmediato grandes resultados. Pocas personas conocen y entienden estas técnicas; como resultado, la gran mayoría de las personas luchan diariamente en su interior para poder manifestar más dinero en su realidad económica.

Una de las primeras cosas que puedes hacer para comenzar a manifestarlo es iniciar un programa de afirmación o visualizar lo que realmente deseas alcanzar. A pesar de que la visualización y las afirmaciones son muy importantes, muchas personas siguen aún frustradas. Mucha gente se pregunta qué hace falta para conseguirlo.

A pesar de que muchas personas están repitiendo la afirmación con la esperanza de manifestar el dinero, continuamente se encierran en el mismo espacio de escasez y pobreza del cual están tratando de escapar. Esa clase de personas son el pequeño tractor al pie de la colina que repite sin sentido: "Yo creo que puedo, yo creo que puedo, yo creo que puedo." Pero el tractorcito no tiene combustible ni potencia para subir la colina.

Nada pasa, no sucede ningún cambio y el dinero que esperas que se manifieste no llega. Manifestar el dinero requiere que expandas tus fronteras, que ganes una gran cantidad de combustible mental, corporal y espiritual.

Cuando se trata de manifestar, existen muchas técnicas antiguas que no son compartidas por el público en general. En la base de cada técnica hay una ciencia, un secreto que no se explica claramente. Así que continúa intentando.

Las palabras por sí mismas no muestran ni exhiben nada, pero en la base de las palabras hay energía. ¿Entiendes realmente la energía detrás de las palabras que usas? ¿Entiendes que la ciencia de manifestar el dinero necesita de cierta energía?

Manifestar dinero rápidamente requiere que tengas un enorme poder de pensamiento, que sea más grande que la energía que estás experimentando en este momento. Muchas personas tienen éxito al manifestar algo en sus vidas. Sin embargo al día siguiente no pueden exhibir ni demostrar algo más. Esto los confunde, ya que pudieron manifestar una cosa pero no la otra.

Si se examinaran interiormente en el preciso instante en que tuvieron éxito, se darían cuenta de un secreto muy poderoso. Sabrían que cuando son exitosos uno se encuentra en un estado más libre y expandido. Existen muchas maneras antiguas de expandir tu ser para que el dinero llegue más rápidamente a tu vida. Los resultados son maravillosos si puedes mantener tu mente abierta.

A medida que avancemos en este libro descubrirás esos secretos para manifestar el dinero mucho más rápidamente a tu vida. Ahora y antes de continuar, una advertencia muy importante: No te obsesiones en tu búsqueda de riqueza. Conozco muchas personas que han perdido de vista su objetivo sólo por el hecho de querer acumular más y más. Creo que por esto mismo Voltaire dijo una vez: "Quienes creen que el dinero lo hace todo, terminan haciendo todo por dinero."

Si bien tienes que atraer la prosperidad, no pierdas de vista lo esencial. Para ilustrarlo, comparto contigo un pequeño relato que siempre tengo muy presente, pues me ayuda a enfocarme cuando me desvío del verdadero enfoque en mi vida.

En cierta ocasión, se les hizo la siguiente pregunta a dos grupos diferentes de personas: "¿Qué es la riqueza?" Aquí están algunas de las respuestas del primer grupo:

Para un arquitecto, la riqueza es "tener proyectos que me permitan ganar mucho dinero."

Para un ingeniero: "desarrollar procedimientos que sean rentables, útiles y muy bien remunerados."

Para un abogado, la riqueza es: "tener muchos casos y juicios que dejen grandes ganancias, y tener también un BMW deportivo."

Para un médico: "atender muchos pacientes y poderme comprar una casa grande, bonita y con piscina, preferentemente cerca de un campo de golf."

Para un gerente de una empresa, la riqueza es: "mantener la empresa en niveles muy altos de ganancia y ser altamente competitivos."

Un atleta contestó: "para mí la riqueza es ganar fama y reconocimiento mundial, pues eso me permitirá ser bien pagado."

El segundo grupo de personas contestó de la siguiente manera:

Un preso sentenciado a cadena perpetua: "la riqueza para mí sería poder caminar libre por las calles de mi ciudad."

Un ciego de nacimiento: "Ver a la gente que más amo y poder ver la luz del sol."

Un sordo: "escuchar las voces de mis familiares y ser capaz de escuchar música."

Una persona muda contestó: "para mí la riqueza sería la habilidad de poder decir "te amo" a las personas que más quiero en la vida."

Un inválido contestó: "jugar al fútbol y poder correr en una tarde de sol."

Una persona con una enfermedad terminal manifestó: "la riqueza para mí sería poder vivir aunque sea un día más."

Mira lo que dijo un huérfano: "tener a mis dos padres y hermanos, a toda mi familia aquí conmigo."

Cuánta diferencia en el concepto de riqueza de estos dos grupos. Si hay algo para aprender, es lo siguiente:

No evalúes tu riqueza por el dinero que posees, mide tu fortuna por aquellas cosas que no cambiarías por dinero.

9
Método cósmico de contabilidad

El dinero y la vida se ven afectados por las decisiones

La manera en que llevamos a cabo nuestro negocio atrae o aleja el dinero de nosotros. Si movemos nuestra conciencia a un nivel superior, la vida responde a este intento. Ya sea que involucre algo pequeño o grande, repentinamente la "buena suerte" llegará como respuesta a cualquier movimiento hacia lo favorable.

Ayer por primera vez en 7 años fui al oculista a que me revisaran los ojos. Al igual que ir al dentista, por lo general no planeo visitar al médico a menos que me vea obligado a hacerlo. Es como cuando la vida te obliga a cambiar por medio de la dificultad, el dolor o cualquier otra razón.

En esta ocasión quería pagar la mitad de la consulta con tarjeta de crédito y la otra mitad con mi tarjeta de débito. Mi intención era no cargar aún más mi tarjeta. No pude hacerlo de esta manera y tuve que pagar $300 con la tarjeta de crédito y $100 con la de débito.

Media hora después de haber regresado a mi oficina (con mis pupilas aún dilatadas y mi vista algo borrosa), ingresé a mi estado de cuenta de American Express para ver si podía hacer un pago adicional para compensar el pago extra que había realizado con la tarjeta en el consultorio del oculista.

Lamentablemente no logré ingresar a la cuenta. Sencillamente lo tomé como que mi deseo de realizar ese pago adicional para compensar el abuso de mi tarjeta no era necesario. Así que me olvidé del asunto.

Poco después, cuando fui al buzón de correo me encontré con una carta muy extraña. Era del estado, y me hacía saber que tenía un dinero a mi favor que tenía que retirar, y para eso necesitaban de parte mía unos papeles de identificación.

Como te habrás imaginado, la cantidad de dinero era la misma que la cantidad que había querido depositar en mi tarjeta. La vida básicamente me compensaba por la ambición de reducir mi deuda en la tarjeta de crédito "enviándome un recordatorio." Eso fue lo único que recibí por correo que estuviera relacionado con dinero adicional.

Como hemos visto, la vida responderá a cualquier cambio hacia lo positivo; incluso un cambio peligroso. Como pensé que lo correcto era no sobrecargar mi tarjeta de crédito y pagar la mitad de la cuenta del oculista con mi tarjeta de débito, la vida por sí misma consiguió la diferencia.

Básicamente, al tomar una decisión de un orden más alto basado en un valor pragmático, me alineé con las disciplinas que le devolvieron el equilibrio de vuelta a la transacción. Por eso siempre cuento esta anécdota y digo que por medio de una contabilidad un poco cósmica, se restituyó el balance de la vida.

Creo que mucho de lo que nos pasa en la vida tiene que ver con la actitud. En cierta ocasión, hablando con un amigo, me comentó lo siguiente:

Existen dos clases de personas: Hay algunas que son "Estrella" y el resto son "Cometa". Le pregunté a qué se refería y me dijo:

Los Cometas simplemente pasan, y muy de vez en cuando. Con mucha dificultad se los recuerda por la fecha que pasan y vuelven. Las personas Estrella, en cambio, permanecen.

Hay mucha gente que es como los cometas. Pasan algún día por nuestra vida pero apenas por momentos; no cautivan a nadie, ni tampoco se dejan cautivar por alguien. Es gente que no tiene amigos, que pasa por la vida sin iluminar a los demás, sin calentar, sin imprimir su presencia.

Así son muchos artistas de nuestros días: Resplandecen por apenas unos instantes en los escenarios de la vida. Y tristemente, con la misma rapidez que surgen, desaparecen.

Así también son muchos reyes y reinas: los hay de naciones, de ciertos eventos importantes y también de concursos de belleza. También son cometas aquellos que van de un lado a otro sin saludar, sin regalar una sonrisa franca y los que no te miran a los ojos cuando te hablan.

Lo trascendental es ser Estrella. Esta clase de personas hace sentir su presencia, irradian vida, luz y calor humano. ¿Quiénes son Estrella? Los amigos, por ejemplo. Tal vez pasen los años, las distancias nos separen o aun las diferencias, pero sin duda que sus marcas se quedan en nuestros corazones.

Aquellas personas que son Cometa no son amigos verdaderos, son simplemente compañeros por instantes, y generalmente explotan los sentimientos, se aprovechan de las personas y de las situaciones que les convienen. El Cometa es en realidad una vida en soledad, ya que ese es el resultado de su actitud.

Tienes que ponerte a pensar que así como otros pasan por tu vida, también tú pasas por la vida de esas personas. ¿Pasas por sus vidas como Estrella o como Cometa?

Creo que en el mundo de hoy es muy necesario que existan muchas personas Estrella, pues necesitamos estar al lado de personalidades positivas, poder contar con ellas, ver su luz brillar y sentir el calor que irradian. Es como nuestros mejores amigos: son estrellas que brillan en nuestras vidas.

Así como nuestros amigos, las personas Estrella son un resguardo en momentos de tirantez, luz cuando atravesamos la oscuridad, paz en tiempos de guerra, pan cuando estamos hambrientos y son también nuestro ánimo cuando estamos deprimidos y sentimos que ya no podemos continuar.

Si decides ser Estrella en el mundo de hoy donde todo es pasajero, te encontrarás con un gran desafío, pues existen muchísimas personas Comenta. El decidir tener una actitud diferente es todo un reto que a veces pensamos imposible, pero te aseguro que la recompensa es muy grande.

Es cierto que no puedes elegir tus circunstancias, pero sí puedes escoger cómo reaccionar ante lo que te sucede e indirectamente darle forma a todo lo que estás viviendo.

10

Darte a ti mismo y a los demás

El darse a uno mismo puede demostrarse de varias maneras. La generosidad, ya sea a través de un propósito interno o de un gesto físico en la vida, es algo crucial.

¿Cuál es tu nivel de generosidad?

Si en tu diario vivir cambias el enfoque de tu vida y en lugar de pensar siempre en ti comienzas a pensar en los demás, la energía aumentará y las condiciones para el éxito empezarán a mostrarse por sí mismas, de manera repentina pero también abundante. Esto requiere una actitud de tu parte que te ayude a alejarte de la avaricia y la tacañería, y avanzar hacia el desprendimiento y la generosidad. Aún el más humilde movimiento hacia esa dirección puede atraer hacia ti una repentina buena suerte, incluyendo la atracción de más dinero.

En cierta ocasión un hombre muy tacaño decidió pagar el viaje de un conocido quien estaba pasando por problemas financieros. Era algo que normalmente él no hubiera hecho. Al día siguiente recibió un pago inesperado de una factura que no esperaba que llegara tan pronto.

(En este caso él entendió la fuerte relación entre superar su tacañería y la respuesta positiva comparable de la vida. Además se dio cuenta de que la cantidad de la que libremente se deshizo era prácticamente la misma que recibió repentinamente poco después).

Una manera de atraer esta buena suerte de manera repentina es tener buena voluntad y generosidad para con los demás. Conozco una persona dueña de un negocio local en mi ciudad que al terminar el año envió algunos regalos para sus mejores clientes. Junto al pequeño presente incluyó una tarjeta muy bonita que incluía deseos de buena voluntad y gratitud por la preferencia mostrada hacia su negocio. De más está decir que esa generosidad de su parte generó nuevas amistades, gratas sorpresas y por supuesto, mejores negocios que resultaron en mejores ganancias para ese año nuevo.

Una de las mejores maneras para conseguir dinero es tener buena voluntad hacia las personas que nos rodean, como así también hacer lo mismo con las situaciones y las circunstancias que nos rodean. Mejor aún si hay buena voluntad en el trabajo. Esto producirá un muy buen ambiente para que el dinero fluya. Un torrente de dinero y prosperidad llegará a tu vida si tu buena voluntad fluye como un río.

Una mañana de estas estaba sentado en el sillón de mi oficina concentrándome en poder concebir una actitud de buena voluntad hacia ciertas personas y hacia ciertos aspectos del trabajo con los cuales estaba asociado. Durante el día recibí una serie de buenas noticias relacionadas con varios asuntos en los que me había estado enfocando, así como en otros aspectos del trabajo que quería completar pero había dejado de lado por un tiempo debido a que estaban más allá de mis capacidades, pues no contaba con el tiempo suficiente.

Había estado difundiendo la buena voluntad hacia una empresa que era mi cliente en el trabajo, y deseaba que sus ingresos aumentaran. Durante ese mismo día pudieron cerrar un negocio importante, lo que significó una venta de gran tamaño que anteriormente había estado en duda.

¿Por qué el dinero responde a la buena voluntad y al darse a uno mismo?

Karmayogi frecuentemente enseña que el dinero fluye hacia aquellos de buena voluntad que se dan a sí mismos. ¿Por qué? Para comprender el por qué, tenemos que recordar que el dinero no es una cosa, sino una fuerza. ¿Cuál es la intención de esa fuerza? La intención de esa fuerza es promover relaciones beneficiosas y recíprocas entre los seres humanos, de manera que las personas puedan intercambiar los frutos de su trabajo. El dinero es un poder para la interacción humana y el intercambio. Le permite a una persona trabajar duramente para cosechar alimento y cambiarlo por el trabajo de otra persona que crea productos, o cambiarlo también por servicios prestados.

El dinero es como el lenguaje. Su intención es ayudar a la interacción humana. Imagínate a una persona que diga que no le hablará a nadie porque quiere guardarse todas las palabras para sí mismo. ¿Para qué le sirve entonces el lenguaje? Sucede lo mismo con el dinero. El lenguaje madura y se convierte en algo valioso solamente si nos relacionamos con los demás. Entre más intentamos relacionarnos y comunicarnos, más útil es el lenguaje y nos volvemos más eficientes utilizándolo. El lenguaje tiene la capacidad de permitirle a una sola persona comunicarse con toda la humanidad. No acaparamos el lenguaje. No tratamos de dejar para nosotros los beneficios del lenguaje y esconderlo de los demás. Comprendemos naturalmente que entre más personas hablen nuestro lenguaje, más fácil nos será comunicarnos. Lo mismo pasa con el dinero.

Mira el dinero como un medio de comunicación y una herramienta para cultivar las relaciones con otras personas. El dinero aumenta cuando nos identificamos de manera positiva con las demás personas, no así cuando tomamos lo que ellos tienen o cuando conseguimos más que los demás y nos sentimos superiores a ellos. Tu prosperidad aumenta cuando te sientes realmente feliz al ver que las personas que te rodean prosperan y cuando tomas la iniciativa de promover el éxito de aquellos que conoces. Los actos conscientes de buena voluntad y el darnos a nosotros mismos nos pone en contacto con el poder mundial del dinero y atrae la fuerza del dinero para que fluya hacia nosotros y a través de nosotros hacia el universo que nos rodea. Entre más sintamos la necesidad de darlo, más vendrá hacia nosotros.

¿Tienes un deseo de pasar más tiempo dando a los demás, pero no sabes por dónde empezar? ¿Buscas maneras creativas de compartir lo que tienes con los demás pero sientes que no te alcanza el tiempo? Tuve el mismo problema y también lo tuvo mi amigo David.

David Perdew acaba de escribir un nuevo libro llamado "Papá Malo: 10 Claves para recuperar la confianza", y está desarrollando y enseñando el curso en línea, hace tiempo para estar con su familia, y además de todo eso tiene un trabajo de tiempo completo. Algunos estudiantes en su clase han declarado recientemente que no saben cómo es que hace todo eso. Hace poco hablé con David sobre su "secreto."

Me dijo lo siguiente: Es necesario determinar primero cuáles son tus valores y cuál es el sentido de tu vida, y luego invertir tu tiempo haciendo las cosas que son más importantes para el cumplimiento de tu propósito en la vida. Todo lo demás debe ser delegado a otra persona o no hacerlo en absoluto. Si dar algo de ti a los demás es una prioridad en tu lista de valores, entonces no faltará el tiempo en tu agenda para hacerlo.

Fue así que me aboqué a la tarea de descubrir mi propósito en la vida y también los valores que deseaba compartir con los demás. Y esto lo he hecho en mis cuarenta. Algunas personas podrían pensar que estaba pasando por una crisis de la mediana edad. Lo cierto es que nunca se es demasiado joven o viejo para tomarse en serio el propósito de nuestra vida.

Los siguientes dos libros han sido muy útiles para mí y los recomiendo mucho: "The Power To Be Your Best", escrito por Todd Duncan y "Una Vida Con Propósito" de Rick Warren.

Si no sabes cuál es tu propósito en la vida en este momento, necesitas tomar el tiempo para descubrirlo. Será una experiencia que cambie tu vida y la de los que te rodean.

Conclusión

El dinero puede tener su propia identidad, poder y presencia. Aprender cómo tener las actitudes correctas en cuanto al dinero puede ayudarte a llegar más lejos financieramente.

Hemos visto muchas cosas que sinceramente espero que te hayan ayudado a tener un nuevo concepto y enfoque en cuanto a la prosperidad. Recuerda deshacerte de las influencias negativas: la negatividad produce negatividad. Es muy importante que te relaciones con personas que te llevarán al próximo nivel en tu vida, gente que te ayude a llegar más alto.

Elimina los límites de tu mente, recuerda que para ser exitoso tienes que saber que puedes lograr todo aquello que te puedes imaginar.

Celebra los pequeños logros, no te olvides que los grandes logros comienzan con los más pequeños.

Cuestiona tus creencias: Si tienes las ideas equivocadas nunca obtendrás la riqueza que mereces. Y tú mereces lo mejor.

También es importante que entiendas cómo tu visión del dinero puede cambiar tus circunstancias. ¡Aprende todo lo que puedas!

Estimado Lector

Nos interesa mucho sus comentarios y opiniones sobre esta obra. Por favor ayúdenos comentando sobre este libro. Puede hacerlo dejando una reseña en la tienda donde lo ha adquirido.

Puede también escribirnos por correo electrónico a la dirección info@editorialimagen.com

Si desea más libros como éste puedes visitar el sitio de **Editorialimagen.com** para ver los nuevos títulos disponibles y aprovechar los descuentos y precios especiales que publicamos cada semana.

Allí mismo puede contactarnos directamente si tiene dudas, preguntas o cualquier sugerencia. ¡Esperamos saber de usted!

Más libros de interés

El Secreto de los Nuevos Ricos - Descubre cómo piensan las mentes millonarias del nuevo siglo

Hoy en día existen personas jóvenes que ya son ricas y han prosperado con éxito. En este libro descubrirás cómo piensan aquellos que han logrado enormes fortunas y cuáles son las reglas del juego en esta nueva economía.

Cómo Utilizar Las Palabras Para Vender - Descubre el poder de la persuasión aplicado a las ventas online (Serie Marketing)

¿Por qué tu competencia vende el triple si ofrece el mismo producto que tú ofreces, en las mismas condiciones y al mismo precio? ¡Tal Vez No Estés Utilizando Las Palabras Adecuadas!

Secretos Revelados del Internet Marketing - Descubra todas las estrategias que los profesionales aplican para triunfar online (Serie Marketing)

No importa si jamás ha tenido una experiencia previa con los negocios a través de internet, este completo manual le enseñará todos los secretos que usted necesita conocer, sin necesidad de realizar un gran esfuerzo. Yo mismo he estado trabajando en el internet marketing por 6 años y le aseguro que no fue sencillo en los comienzos.

La Ciencia de Hacerse Rico – Como atraer el éxito para ganar dinero

Este libro es un manual práctico, no un tratado sobre teorías. Está diseñado para el hombre y la mujer que tienen como mayor necesidad el dinero, que quieren hacerse ricos primero, y filosofar después. Cada hombre o mujer que haga esto se hará rico, porque la ciencia aquí aplicada es una ciencia exacta y su fracaso es imposible.

El Arte De Resolver Problemas - Cómo Prepararse Mentalmente Para Lidiar Con Los Obstáculos Cotidianos

Todos tenemos problemas, todos los días, desde una pinchadura de llanta, pasando por una computadora que no enciende a la mañana o las bajas calificaciones de un hijo en el colegio. Usted es un solucionador de problemas y probablemente ni siquiera se ha dado cuenta. Sin embargo, debe prestar atención a sus capacidades para ser cada vez más y más efectivo.

Cómo Hablar en Público Sin Temor - Estrategias prácticas para crear un discurso efectivo

Hablar en público, en especial delante de multitudes, generalmente se percibe como la experiencia más estresante que se pueda imaginar. Las estrategias de oratoria presentadas en este libro están diseñadas para ayudarte a transmitir cualquier idea y mensaje ya sea a una persona o a un grupo de gente.

Alcance Sus Sueños - Descubra pasos prácticos y sencillos para lograr lo que hasta ahora no ha podido

Este libro ha sido escrito con el propósito de ayudarle a alcanzar aquellas metas que todavía no ha logrado y animarle a seguir luchando por aquellos sueños que está persiguiendo.

He dividido esta obra en 6 capítulos pensando cuidadosamente en todas las áreas involucradas en el proceso de alcanzar nuestras metas y lograr nuestros sueños.

Cómo influir en las personas

Aprende cómo ejercer una influencia dominante sobre los demás. Un manuscrito descubierto recientemente enseña técnicas de control mental novedosas, provenientes de un estadista oriental antiguo.

Si realmente apuntas a la grandeza, riqueza y éxito en todas las áreas de tu vida, DEBES aprender cómo utilizar la influencia dominante sobre otros.

Lean Manufacturing En Español - Cómo eliminar desperdicios e incrementar ganancias, Descubre cómo implementar el Método Toyota exitosamente

En este libro hallarás una gran variedad de consejos e historias reales de casos exitosos, incluyendo información reveladora y crucial que muchas empresas ya han puesto en práctica para agilizar sus procesos de producción y lograr la mejora continua.

Cómo ganar amigos e influenciar a las personas en el siglo 21 - Lecciones transformadoras que le permitirán a cualquiera conseguir relaciones duraderas y llevarse bien con personas en todos los ambitos de la vida moderna.

¡Descubre cómo puedes vivir una vida plena convirtiéndote en un profesional de las relaciones sociales! Todos tus amigos te apreciarán como a nadie y podrás disfrutar de tus amistades como nunca antes.

Cómo Desarrollar una Personalidad Dinámica - Descubre cómo lograr un cambio positivo en ti mismo para asegurarte el éxito

La actitud correcta no sólo define quién eres, sino también tu enfoque y el éxito que puedas llegar a alcanzar en la vida.

En este libro aprenderás los secretos de las personas altamente efectivas en su negocio, cómo desarrollar una actitud positiva para tu vida familiar y tu profesión, cualquiera que esta sea.

Cómo mejorar la memoria y la concentración - Técnicas para aumentar tus capacidades mentales y lograr que el cerebro funcione a su máximo rendimiento

¡Descubre cómo recordar fácilmente nombres, caras, números, eventos y cualquier información usando técnicas sencillas pero poderosas que hasta un niño de 12 años puede aplicar!

www.ingramcontent.com/pod-product-compliance
Lightning Source LLC
LaVergne TN
LVHW051955060526
838201LV00059B/3657